実務解説

# 改正債権法附則

中込一洋

弘文堂

# はしがき

　本書は、日本弁護士連合会編『実務解説 改正債権法［第2版］』、拙著『実務解説 改正相続法』と同様の枠組みにおいて、改正債権法の附則（施行や経過措置に関する規定）について解説したものである。

　下森定先生（法政大学名誉教授）と高須順一先生（日本弁護士連合会司法制度調査会委員長、元法制審議会民法(債権関係)部会幹事）にご指導をいただいた民法の基礎を大切にしながら、条文を何度も読み直し、力の及ぶ限り、わかりやすく丁寧に記載した。形式については統一性を徹底し、関連箇所の相互参照にも意を尽くした。内容については、法制執務等に関する参考文献等を丁寧に紹介しながら、令和2（2020）年4月1日に改正債権法が施行されることが実務に与える影響を示すことを重視した。

　本書は、日本弁護士連合会バックアップ会議や東京弁護士会法制委員会における議論から多くの影響を受けている。構想段階から篠塚力先生（日本弁護士連合会副会長、東京弁護士会会長）にご指導をいただき、原稿案については岩田真由美先生（東京弁護士会法制委員会副委員長）・木村真理子先生（東京弁護士会法制委員会委員）から様々な助言をいただいた。また、弘文堂の北川陽子さんに今回も的確なアドバイスをいただいた（巻末の一覧表について、「優れものですよ。利用価値、すごく高いと思います」というコメントが嬉しかった）。これらのことによって本書の内容は、より充実したものになったと思う。もとより本書に関する責任は私にあるが、ここにお名前を挙げきれないほど多くの方々にご指導をいただいていることに、心より感謝している。

　本書が、改正債権法の附則に関する理解を通じて、トラブルの予防や早期解決の一助となることを期待しつつ。

　　　　令和2年1月

　　　　　　　　　　　　　　　　　　　弁護士　中込一洋

## contents

# 凡　例

1　本書は、総論において、「債権法改正における附則の意義」、「附則における基本概念」および「改正債権法附則における経過措置」について説明した上で、各論において、改正債権法の附則については条文の順序に従って解説している。

2　巻末に条文索引も付しているが、各頁のフッターに大項目（例えば「総論」）、ヘッダーに掲載条文（例えば「§1」）があることも活用されたい。

3　債権法改正の対象となった改正前民法の条文は「旧法」、改正後民法の条文は「新法」と表記した。また、必要に応じて、「相続法改正後民法」、「改正相続法附則」と表記した箇所がある。債権法改正および相続法改正の前後を通じて変更されなかった条文は、単に「民法」と表記した。

4　各論の解説においては、概要等を「**1　趣旨**」にて、改正債権法の内容と経過措置等を「**2　内容**」にて、今後の実務上の注意点等を「**3　実務への影響**」にて、および、関連する判例・裁判例を「**【参考判例等】**」にて、それぞれ記載している。

　なお、解説中に「**判例1、2**」などとあるのは、各解説の参考判例等において掲載した判例・裁判例の記載番号1、2などを示している。

5　文献、判例集・雑誌の略称については下記を参照されたい。

記

【文献】

　　衆議院会議録　　第192回国会（平成28年）衆議院法務委員会会議録

　　参議院会議録　　第193回国会（平成29年）参議院法務委員会会議録

　　一問一答　　　　筒井健夫＝松村秀樹編著『一問一答・民法（債権関係）改正』（商事法務・2018）

　　内田　　　　　　内田貴「契約責任の将来像―債権法改正過程から見えたもの」瀬川信久＝能見善久＝佐藤岩昭＝森田修編『民事責任法のフロンティア』（有斐閣・2019）

　　小出　　　　　　小出邦夫編著『逐条解説 法の適用に関する通則法〔増補版〕』（商事法務・2015）

　　最新読解　　　　田島信威『最新 法令の読解法―やさしい法令の読み方〔四訂版〕』（ぎょうせい・2010）

| | |
|---|---|
| 潮見Ⅰ | 潮見佳男『新債権総論Ⅰ』（信山社・2017） |
| 潮見Ⅱ | 潮見佳男『新債権総論Ⅱ』（信山社・2017） |
| 実務課題 | 道垣内弘人＝中井康之編著『債権法改正と実務上の課題』（有斐閣・2019） |
| 田中 | 田中宏治『代償請求権と履行不能』（信山社・2018） |
| 中込 | 中込一洋『実務解説 改正相続法』（弘文堂・2019） |
| ポイント | 大村敦志＝道垣内弘人編『解説 民法（債権法）改正のポイント』（有斐閣・2017） |
| 法制執務 | 法制執務研究会編『新訂 ワークブック法制執務〔第2版〕』（ぎょうせい・2018） |
| 法令読解 | 吉田利宏＝いしかわまりこ『法令読解心得帖—法律・政省令の基礎知識とあるき方・しらべ方』（日本評論社・2009） |
| 民法学Ⅰ | 安永正昭＝鎌田薫＝能見善久監修『債権法改正と民法学Ⅰ　総論・総則』（商事法務・2018） |
| 民法学Ⅱ | 安永正昭＝鎌田薫＝能見善久監修『債権法改正と民法学Ⅱ　債権総論・契約(1)』（商事法務・2018） |
| 民法学Ⅲ | 安永正昭＝鎌田薫＝能見善久監修『債権法改正と民法学Ⅲ　契約(2)』（商事法務・2018） |
| 森田 | 森田修『法学教室 DIGITAL LIBRARY 「債権法改正」の文脈—新旧両規定の架橋のために〔連載紙面合本版〕』（有斐閣・2019） |
| 立法学 | 大島稔彦『立法学—理論と実務』（第一法規・2013） |
| 我妻 | 我妻榮『新訂 民法総則（民法講義Ⅰ）』（岩波書店・1965） |
| BA | 潮見佳男＝北居功＝高須順一＝赫高規＝中込一洋＝松岡久和編著『Before/After 民法改正』（弘文堂・2017） |
| QA | 高須順一編著『Q&A ポイント整理 改正債権法』（弘文堂・2017） |

# 総論

# 第1 債権法改正における附則の意義

## 1 債権法改正とは

　民法の一部を改正する法律（平成29年法律44号。以下、「改正債権法」という）は、平成29（2017）年5月26日に成立し、同年6月2日に公布された。

　国会への法案提出の理由としては、①消滅時効期間の統一化等の時効に関する規定の整備、②法定利率を変更させる規定の新設、③保証人の保護を図るための保証債務に関する規定の整備、および、④定型約款に関する規定の新設などを行う必要があると指摘されていた。

**（1）改正債権法の概要**　改正債権法の内容は、多岐にわたる（改正項目は200程度）。重要な改正ポイントとしては、①錯誤（動機の錯誤の明文化・取消権構成）、②消滅時効の起算点等（主観的起算点の導入・短期消滅時効の廃止）、③時効障害事由（完成猶予と更新で整理・協議による完成猶予制度の導入）、④法定利率・中間利息控除（緩やかな変動制の導入・当初は3％）、⑤債務不履行・損害賠償（帰責事由概念の変容）、⑥契約解除（帰責事由の非要件化・催告解除と無催告解除の要件の明確化）、⑦危険負担（履行拒絶権構成の採用）、⑧債権者代位権（債務者の管理処分権の存続・必要的訴訟告知）、⑨詐害行為取消権（倒産法上の否認権との平仄・必要的訴訟告知・効果の見直し）、⑩連帯債務・不可分債務（要件の見直し・絶対効の見直し）、⑪根保証（貸金等根保証の規律の根保証一般への拡大）、⑫保証人保護の方策の拡充（保証意思宣明公正証書の作成義務とその例外・保証人への情報提供義務）、⑬債権譲渡制限特約（債権的効力説への変更）、⑭将来債権の譲渡（明文化・譲渡制限特約との調整）、⑮弁済（第三者弁済の要件の変更）、⑯相殺（無制限説の明文化と拡充）、⑰定型約款（一般的規律の明文化）、⑱売主の担保責任（契約不適合責任として明文化・追完請求権・代金減額請求権）、⑲消費貸借（要物性の緩和）、⑳敷金・借主の原状回復義務（判例法理の明文化）、㉑賃貸人たる地位の留保（合意による留保に関する規律の創設）、および、㉒使用貸借・寄託（諾成契約化）がある（QA5頁）。

　改正債権法は、民法第3編「債権」のみを対象とするものではない。契約関係の改正を主目的としているため、改正対象が、民法の編別と一致していないことに注意が必要である。すなわち、民法第3編「債権」に属する規定であっ

ても、契約以外の法定債権（事務管理、不当利得および不法行為）は基本的に対象外であるのに対して、民法第1編「総則」に属する規定であっても、契約に深く関係する事項（意思表示や消滅時効等）は改正の対象とされている。

（2）　改正債権法本則への言及　　本書は、改正債権法の付随的事項を規定する「附則」に基づいて、施行時期および適用時期を明らかにすることを主目的とする。そのため、改正債権法の本体を成す「本則」の内容については、施行時期および適用時期に関する規律の意義を理解する上で必要なものを中心としているが、いくつかの論点では研究者の論文等を引用している。

　これは、以下の①～③の指摘を受けて、筆者が1人の法律家（弁護士・大学非常勤講師）として、研究者の問題提起を真摯に受け止め、今後も丁寧に検討していこうと決意したためである。

　まず、①「『新しい契約責任論』……が、伝統理論と異なるのは……120年ぶりの債権法の抜本改正をリードしようとした点にある。……しかし、結果的に『新しい契約責任論』は改正法を支配するには至らなかった。その理由は、端的に言えば、実務界からの反発に抗することができなかったからである。その一連の攻防は、法継受という観点から見ると極めて興味深い。なぜなら、日本の法学者が自らの理論を旗印に民法の抜本改正をリードしようとしたことも初めてのことなら、それに対して……実務界が対抗勢力として現れ、両者の力関係の中で改正作業が進行したことも、日本の民法上初めてのことだからである」（内田118頁）、および、②「債権法改正において見られたのは、明確にすることは嫌だという態度である。経済界は、それが消費者保護につながり、訴訟の増加を生み、自らに好ましくない、と考える。裁判所は、自らの裁量権の縮小につながることを危惧する。……法の内容を明確化し、国民はもちろん、諸外国にもわかりやすく提示することは重要である。ところが、そのことは十分な共感を得られなかった」（道垣内弘人「改正債権法と取引社会」ポイント519頁）という指摘は、筆者には、研究者の見解について実務家も深く理解すべきであるという問題提起に感じられる。

　そして、③「直接的には……立案当局（法務省のみに限られない）の中で、現状維持を指向する力が上回ったというほかないが、その背後には、間接的にこれを支えるものとして、変えないでよいものを変える必要はない、あるいは、変えるのは不安だという現状維持の力が既存の法律家層に働いたことも指摘しておかなければならない。……もっとも、希望が残らなかったわけではない。

……では、残った希望を受け継いで、民法＝市民社会を育てていくにはどうすればよいか。一言で言えば、立法によって播かれた一粒の麦を、判例、学説そして市民社会が共同で育てていく必要があろう。……今後必要なのは、地中に眠ったままの種の存在に注意を促し、発芽に向けて可能な手を打っていくことであろう。これが実現されるか否かは、未来の民法＝市民社会の試金石となる。そして、これを実現するためには、優れた市民と優れた法律家の育成が必要であることは言うまでもない」（大村敦志「改正債権法と市民社会」ポイント504〜506頁）という指摘は、改正債権法を正確に理解し、より良い解決を目指すためには、施行後もさらなる検討が必要であると示唆している。

## 2　附則とは

　法令の本体を成す部分を「本則」といい、法令の付随的事項を規定する部分を「附則」という。改正債権法の本則では、民法の一部を改正することが規定されており、その附則では、改正法の施行時期および適用時期が規定されている。

　法律の附則には、当該法律の施行時期、既存の法律関係と本則に定められた新しい法律関係との調整などの経過措置、関係法令の改廃等に関する事項が規定されることが多く、本則の後に置かれる。法律については、少なくとも、その施行時期を定める必要があるため、一般的に附則が設けられる。「法令には、最小限、当該法令の施行時期に関する規定を定める必要があるから、一般的には附則のない法令はないといってよい」（法制執務269頁）。附則の重要性については、①「実質的な内容を定めた法令の本則と比較して、法令の附則は付録的なものとしてとかく軽視されがちである。そのうえ、附則において詳細に定められている経過措置などは法技術的な規定が多く、初学者にとってはまことに分かりにくいものとしてもっぱら敬遠されてしまう。しかし、少し法令を勉強してくると、附則の規定が本則に劣らず重要な意義と機能を持っていることに気がつく。たとえば、法令ごとに置かれる施行期日の定めはその法令の効力の発生時期を定めているし、経過措置を定めた各種の規定は、従来の法律関係が新しい法令のもとではどういう扱いを受けるのかということを定めており、従来の関係者にとって大きな関心事である」（最新読解293頁）、②「法令によっては、これからどうなるかということとともに、これまでの関係はどうなるかということが、多くの人の関心事であるものも少なくない。このような法令については、附則を軽視することは法令の重要部分を読み落としてしまうことにな

りかねない。そこまでいかなくとも、法令の附則には、本則の施行に伴ってこれだけは必要だと思われる措置が定められているのであるから、これらの規定を等閑視することはできないということをこの際覚えておく必要がある」（最新読解329頁）と指摘されている。

改正債権法の場合は、附則1条が本則の施行期日について定め、附則2条から附則37条までが、既存の法律関係と本則に定められた新しい法律関係との調整などの経過措置を定めている。また、以下の用語については、改正債権法附則に定義規定がある。本書の記載も、この定義に従っている。

「新法」とは、改正債権法による改正後の民法である（附則2条）。

「旧法」とは、改正債権法による改正前の民法である（附則4条）。

「施行日」とは、改正債権法の施行の日である（附則2条）。

## 3 一部改正法令とは

「一部改正法令」とは、既存の法令の一部を改正する法令である。これに対して、新たに制定する法令を「新規制定法令」という。

一部改正法令の題名は、原則として「〇〇法令の一部を改正する法令」とされる。改正債権法の名称も、「民法の一部を改正する法律」であり、一部改正法令であることが明示されている。

一部改正法令の本則は、改正する法令（改正債権法においては民法）を特定し、その一部を改正する旨を規定する改正文（改正の柱書）と、どの部分をどのように改正するかを規定する改正規定とによって構成されている。改正法が施行されると同時に、本則の改正が行われる。このことを、立法学57頁は、「『溶け込む』ことになる」と表現し、同書294頁では、「一部改正法令の施行は、施行により改正が行われ（溶け込み）、改正された法令が適用される状態に置かれる、という二つの効果がある」と指摘されている。

一般の法令集では、法令は、本則の次に附則を置くように掲載されている。そのため、法改正が別の法律によって行われたことは、明確には意識されないことが多い。しかし、いわゆる債権法改正は、改正債権法（一部改正法令）が成立・施行された結果である。改正債権法の本則部分は、改正対象の法令を改正したことによって用済みとなるため、一般の法令集には掲載されない（附則部分だけが掲載される）。この点について、立法学60頁では、「この残った改正法令の附則は、改正対象の元の法令の附則の後ろに（別表があればさらにその後ろに）掲載される扱いである。何度も改正が重ねられると、その数だけ改正附

則が続き、一見、一つの法令に附則がいくつもあるように見えるが、形式的には別個の法令（一部改正法令）の附則が便宜上まとめられているにすぎない」と指摘している。

**第2　附則における基本概念**

## 1　公布とは

　法令の「公布」とは、成立した法令を一般に周知させる目的で、一定の方式により一般の国民が知ることのできる状態に置くことをいう（法制執務34頁）。

　法律の公布について方法を定める明文規定はないが、最高裁昭和32年12月28日大法廷判決・刑集11巻14号3461頁は官報の掲載があった日に公布がされたと判断しており、「官報の掲載をもって公布とする慣例が定着して」いる（小出28頁）。

　改正債権法は、官報の掲載により、平成29（2017）年6月2日に公布された。

## 2　施行とは

　法令の「施行」とは、法令の規定の効力が一般的・現実的に発動し、作用することになることをいう（法制執務34頁）。これは、法令の規定の効力の発動という一般的観念である（法制執務37頁）。「法令は制定手続を完了することによって内容が確定するが、法令が法規範として機能するためには、さらにそれが公布されたうえ施行されることが必要である」（最新読解295頁）。

　施行の期日については附則で定めるのが通例であり、改正債権法では、附則1条が、施行期日について定めている。

## 3　適用とは

　法令の「適用」とは、法令の規定が、個別具体的に、特定の人、特定の地域、特定の事項について、現実に発動し、作用することをいう（法制執務37頁）。上記2の施行が一般的観念であるのに対し、適用は、個別具体的である。

　「『施行』というのは法令の効力が一般的に働き出し、作用しうるようになることであるのに対して、『適用』というのは法令の規定を個々具体的な場合について、特定の人、特定の事項、特定の地域等に関して実際にあてはめてその

効力を現実に働かせることをいう。法令の規定改廃に際しては、普通の場合は施行期日だけを定めておけば、その期日以後に生じた事柄に対してその法令は当然適用になるから、特別にどの対象から適用するということを明記しなくとも分かる場合が多い。しかし、施行期日を定めただけでは、新・旧法令の適用関係が不明確でどちらを適用したらよいのか分かりにくいという場合も少なくない。そのようなときには施行期日を定めるだけではなくて、具体的にどの対象から、新法の規定を働かせるのかということを法令上明示する必要がある。この目的のために置かれるのが、新・旧法令の適用区分に関する規定である」（最新読解312～313頁）。

**（1） 経過規定とは**　　　適用の時期についても附則で定めるのが通例であり、これを経過規定という。これは、既存の（旧法による）法律関係と改正債権法本則に定められた（新法による）法律関係との調整などの経過措置を定め、どのような事象に対して新法が適用されるのかを明らかにするものである。「法令を新たに制定・改廃する場合に、一挙に従来の法秩序を変更してしまうと社会関係に無用の混乱を巻き起こすことになる。このため法令の制定・改廃に際しては、旧来の法秩序から円滑に新しい法秩序に移行することができるように、各種の調整措置が必要となってくる。このような目的でとられる措置を経過措置といい、経過措置の内容を定めた規定を経過規定という」（最新読解327頁）。

**（a） 経過措置を検討する場面**　　　経過措置を検討するのは、問題となる法律関係に関する複数の事実のうち、ある事実は施行日より前に生じており、ある事実は施行日以後に生じたという場面である。このことは、「経過措置が必要とされるのは、たとえば以下のような状況である。すなわち、時点 a において、契約に関する法律 α が施行されている状況で、AB が契約を締結した。その後、時点 b において、法律 α が改正されて法律 β となって施行されている状況で、A が上記契約上の債務について不履行をした。さらにその後、時点 c において、法律 β が改正されて法律 γ となって施行されている状況で、B が A の債務不履行を理由として損害賠償請求をした。このような状況を想定してみよう。B の A に対する損害賠償請求を認められるかどうかを判断する際、適用される可能性のある法律は、法律 α、法律 β、法律 γ であり、経過措置は、これらのうちどの法律を適用すべきかを決定する規範（間接規範）である」（小粥太郎「改正債権法の経過措置」民法学 I 59頁）と指摘されている。上記の状況では、契約時を基準とすると法律 α、債務不履行時を基準とすると法律 β、損害賠償

請求権行使時を基準とすると法律γが適用される。改正債権法附則17条１項は、「施行日前に債務が生じた場合（施行日以後に債務が生じた場合であって、その原因である法律行為が施行日前にされたときを含む。……）」におけるその債務不履行の責任等について、なお従前の例によると規定しており、これによると、契約時が基準となるから、上記の状況においてＢのＡに対する損害賠償請求を認められるかどうかを判断する際に適用されるのは法律αである。

　経過規定の難しさについては、「初学者が附則の規定を読むときに、とても難しいと音をあげるのがこの経過規定である。経過規定は、旧来の法秩序と新しい法秩序の橋わたしをしようとするものであるから、その規定を読むだけではなく、新旧両制度をよく分かっていないと、その内容を理解することができない。したがって、経過規定を読むときにはまず、新旧両制度の内容を正しく理解し、どこがどう変わるのかを正確に把握することが先決である。これが正しく理解できれば、従来の関係が新法のもとでどういう取り扱いを受けるのかということを定めたものが経過規定であるから、その意味をつかむのはかなり容易になるはずである」（最新読解327頁）と指摘されている。

　(b)　**既存の法律関係との調整**　　法令を制定したときは、その施行日、すなわち、その法令の規定の効力が一般的・現実的に発動し、作用することになる日から適用する、というのが素直な帰結であろう。そして、新たに制定された法令であれば、その施行日だけを定め、施行日以後に生じた事象に対して法令が適用されるという規律によることもあり得る。しかし、一部改正法令においては、その施行日から一律に適用することは少ない。その理由は、既存の（旧法による）法律関係との調整を避けることはできないという点にある。既存の法律関係との調整をする必要に応じて、施行日以後であっても新法の規定を適用しない場合があることを規定する。施行日より前に形成された法律関係に新法が適用されると当事者の予測に反する結果を生む懸念がある場合などに、施行日以後であっても新法の規定を適用しないという例外を規定することが多い。

　このように、一律には適用しないことになると、どのような事象に対して一部改正法により改正された規定（新法）が適用になるのかを明らかにする必要がある。「新たに法令を制定し、又は既存の法令を改廃する場合に、社会生活における従来の秩序が新しい秩序に円滑に移行するように配慮を加える必要が生ずる。例えば、従来の秩序をある程度容認するとか、新しい秩序の設定に暫定的な特例を設けるとかする経過的な措置を定めるのがそれであり、経過規定

とは、このような措置をするための規定をいう」（法制執務310頁）。

　(c)　**不遡及原則と新法主義**　　施行日よりも前に生じた事象について新法を適用することを、どのように評価すべきか。

　民法の教科書では、近時は経過措置について言及していないものが多いが、以前のものでは、不遡及の原則があるとされていた。例えば、①「すべての法律は、その効力を生じた時から以後に発生した事項についてだけ適用されるのを原則とする。これを法律不遡及の原則という。人がある行為をする場合には、その時の法律によって効果を生ずることを予期してなすものであり、行為の後の法律によって予期したと異なる効果を生じさせては、法律関係の紛糾を生じ、社会生活の安定を害するから、かような原則が認められるのである」（我妻23頁）、②「法律不遡及の原則は、しかしながら、解釈の原則であって、立法を拘束するものではない。立法に当っては、必要に応じ、遡及効を与えてもさしつかえない（ただし、刑罰法規は例外である（憲39条参照））。もっとも、人は、……その当時の法律に従って行動するものであり、また一度生じた法律効果はそれに応ずる新らたな事実を作ってゆくものだから、法律に遡及効を与えると、人々の予期を裏切り、すでに結了した事実関係を法律的に復活還元しなければならないことになる。従って、立法政策としては、かような不都合をあえてしても遡及効を認める必要がある場合にだけ、遡及効を認めることが賢明な措置である」（我妻24頁）という指摘である。

　これに対して、比較的新しい論文である小粥太郎「改正債権法の経過措置」民法学Ⅰでは、以下のとおり、日本の立法実務においては「新法主義」がよくみられることなどが指摘されている。すなわち、①「経過措置の原則規定を通覧するなら、少なくとも規定の形式のレベルでは、法律不遡及の原則が原則であるとはいえないことは明らかである。すなわち、大半の経過措置の原則規定は、新法が新法施行前に生じた事項に適用されるという原則を謳っている。そして、そのただし書において、旧法により生じた効力を妨げないとしている。例外は２件ある。例外の第１は(8)〔筆者注：昭和46年法律99号（根抵当法制定）〕であるが、現実が異なるにとどまり、実質的には例外視する必要はないように思われる。例外の第２は(31)〔筆者注：平成20年法律56号（保険法制定）〕であるが、これは実質的に新種の契約法の制定であり……やや特殊な面がある」（76頁）。②「新法の遡及効を肯定するやや珍しい例を拾っておこう。……(11)〔筆者注：昭和51年法律66号（離婚復氏制度）〕附則第２項（民法の一部改正に伴う経過措置）

は、離婚復氏制度が、新法施行後に離婚した者・婚姻を取り消した者にとどまらず、施行前3月以内に離婚した者・婚姻を取り消した者にも適用されるとしたものである。それ以前に離婚したり婚姻を取り消した者については、一般的な氏の変更制度により氏を変更すればよいと考えられていたようである。(33)〔筆者注：平成25年法律94号（非嫡出子相続分の平等化）の改正法の公布日は12月11日だが、改正法が、同年9月5日（最大決平成25年9月4日民集67巻6号1320頁が当時の民法第900条4号ただし書を違憲と判断した日の翌日）に遡って適用されるとしたものである」(81頁)。③「フランス法は、不遡及の原則と即時効の原則によって新法と旧法の関係を規律しようとしており、新法の優越性を基本に据えているものの、遡及効に対しては……慎重な態度が看取されるように思われた。念のために確認しておくと、即時効は遡及効を生じさせるものではない。これに対して日本法は、かつての体系書に不遡及原則が謳われていたものの、民事立法実務はむしろ新法の遡及効を原則としているようであり（『新法主義』と呼ばれているようである）、……旧法下で生じた効力が妨げられない旨のただし書が添えられることも通例であり、バランスの確保が目指されてはいる」(89頁)。④「問題は単純ではない。フランス法を参考に分析するなら……一方で（不遡及原則の視点）、新法が新法施行前の事項にも適用されるべきかどうかは、新法の趣旨、法律不遡及の原則の意義、既得権の保護等も考慮した上で判断されなければなるまい。他方で（即時効原則の視点）、新法が新法施行後の事項に適用されることは当然であるようにも思われるが、日本の立法実務によくみられる、新法の施行前にされた契約についてはなお従前の例によるとの規範を文字通りに解釈すれば、新法施行後に効力を生ずる（施行前に締結はされた）契約についても旧法が適用され、新法の適用されない領域が増えることになりそうである。新法は旧法より優れている——そこに実質改正があるとすれば——のではなかったか。意思自律の原則を援用して旧法の支配を正当化できるのか」(91頁)。⑤「契約にせよ債権にせよ、経過措置の立法政策を検討するに際して、当事者の予測可能性の確保に偏った——主観法に注目し客観法への関心が乏しい——議論になっている感は否めない。……時際法問題を考えるにあたり、当事者の予期・予測を中心にするのは、我妻……にもみられた、おそらく日本の代表的な考え方であるが、フランス法の光で照らしてみると、客観法の面への配慮に乏しいと感じられる」(92頁)。

**（2）改正債権法附則における経過規定**　改正債権法の「適用」については、

附則2条から附則36条までが定めている。

　このように多くの規定が設けられたのは、これが民法の一部を改正する法律であり、対象事項が多岐にわたることへの配慮による。民法は社会生活の基本を定める規範であるから、その内容が変更されることは、多くの人の社会生活に影響を及ぼす。このような法律の一部改正については、今までの法秩序を破壊しないように配慮しつつ、新しい法秩序へと円滑に移行するための工夫が必要とされる。改正債権法は対象事項が多く、その中には大幅な変更となるものも少なくないため、人の社会生活に影響を及ぼす程度が著しいからである。

**（3）「例による」の意義**　　改正債権法附則2条以下に定める経過措置には、「適用する」、「適用しない」という表現のほか、「なお従前の例による」という表現が少なくない。このような表現は、「日常生活ではみなれない法令用語」であるが、「新旧両制度の関係を簡潔・的確に表現するために必要な立法技術であるからやむを得ないものであって、これも実例に即して読み慣れることが必要である」（最新読解327頁）。

　「例による」という表現は、個々の規定を特定することなく、ある事項についての制度そのものを包括的に利用して、他の事項について同じような取扱いをしようとする場合に用いられる。「原則として、ある事項についての規定を、その下位法令や場合によっては関連規定までを含んで、他の事項について用い、法的な取扱いを同じにする、という意味に用いる。ただし、具体的にどの範囲までそのような取扱いにするのか、明確ではないこともある。『例による』は、その例によることとする対象事項を掲げて制度を特定するのが一般である」（立法学218頁）。

　「なお従前の例による」という表現は、「例による」の一種であり、経過措置において使われることが多い。これは、既存の（旧法による）法律関係に対する当事者の信頼を保護するため、これまでに扱っていたのと同じように取り扱うことを意味している。「経過措置では、適用区分として用いられるので、対象行為や対象事象をある時点で区分することが必要であり、原則として、その時点の直前の法状態の直前の法状態あるいは直前において適用状態にあった法が『従前』の内容になる」（立法学218頁）。「問題は、『……については、なお従前の例による』という規定によって示される改廃時の『従前の例』の内容が法令の改廃によって法令集から除去されてしまっているので、その内容が分かりにくいということである。改廃時にはまだ新旧両規定を手にしながら両者の内

容を知ることができるが、少し古くなってしまうと、その改廃時の法令の内容をしることはかなり難しくなる。附則の難しさは、このような『従前の例』の内容の分かりにくさからくるということもできる。この問題に対処するためには、旧年度版の法令集が役に立つ。これによって、改廃直前のその法令の内容を知ることができるからである」（最新読解327〜328頁）。

# 第3　改正債権法附則における経過措置

## 1　基本的な考え方

　改正債権法附則における経過規定では、民法の規定を適用した結果について当事者の予測が形成される一定の事象の発生を基準とし、それが施行日（令和2〔2020〕年4月1日）より前に生じた場合には、新法を適用しないことを基本としている。

　一問一答379頁は、「基本的に、施行日前に締結された契約や施行日前に生じた債権債務には旧法を適用している」とし、その理由として、「一般に、取引の当事者等は、法律行為や意思表示をした時点において通用している法令の規定がその法律行為や意思表示について適用されると考えるのが通常である。そのため、新法の施行日前に法律行為や意思表示がされた場合であるのに新法を適用すると、その法律行為等に対して法令が適用された結果形成される権利関係等についての当事者の予測を害する結果となる」ためであると指摘している。

　改正債権法は、民法の契約関係に関する規律を広く対象としており、民法の体系としては、①民法総則、②債権総論、③契約という3つの場面に分かれる。上記の基本的な考え方を、各場面に応じて整理すると、以下のとおりになる。

**（1）　民法総則について**　　　民法総則に関する新法の規定は、施行日以後に法律行為や意思表示がされた場合について適用され、施行日前に法律行為や意思表示がされた場合には旧法を適用する（なお従前の例による）ことが原則である（附則2条〜10条）。

　法律行為や意思表示がされた時期を基準とするのは、一般に、取引の当事者等は、法律行為や意思表示をした時点において通用している法令の規定がその

法律行為や意思表示に適用されると考えるのが通常であり、その予測を害さないようにする必要があるためである（QA 199頁）。

部会資料85・1頁も、「民法総則（時効を除く。）における改正後の規定については、基本的には、施行日以後に法律行為や意思表示がされた場合について適用し、施行日前に法律行為や意思表示がされた場合についてはなお従前の例によることとする考え方があり得る。一般に、取引の当事者等は、法律行為や意思表示をした時点において適用している法令の規定がその法律行為や意思表示について適用されると考えるのが通常であるため、改正法の施行日前に法律行為や意思表示がされた場合についてまで改正後の民法の規定を適用（遡及適用）すると、当該法律行為等に対して法令が適用された結果形成される権利関係等についての当事者の予測を害する結果となること等によるものである」と指摘していた。

**（2） 債権総則について**　　債権総則に関する新法の規定は、施行日以後に債権債務が生じた場合（施行日以後に債権債務が生じた場合であって、その原因である法律行為が施行日前にされたときを含む）について適用し、施行日前に債権債務が生じた場合には旧法を適用する（なお従前の例による）ことが原則である（附則14条〜28条）。

債権債務が生じた時期を基準とするのは、民法の定める債権発生原因（契約・事務管理・不当利得・不法行為）を通じて、一般に、当事者（債権者および債務者）は債権債務が生じた時点において通用している法令の規定がその債権債務に適用されると考えるのが通常であり、その予測を害さないようにする必要があるためである。部会資料85・2頁は、「債権総則における改正後の規定については、基本的には、施行日以後に債権が生じた場合について適用し、施行日前に債権が生じた場合についてはなお従前の例によることとする考え方があり得る。施行日前に債権が生じた場合について改正後の民法の規定を適用すると、当事者（債権者及び債務者）の予測可能性を害する結果となること等によるものである」と指摘していた。

ただし、例えば停止条件付きの法律行為の場合のように、原因である法律行為が行われた時期と、債権債務が生じる時期とが異なる場合があるところ、上記(1)のとおり、一般に、取引の当事者等は、法律行為をした時点において通用している法令の規定がその法律行為に適用されると考えるのが通常である。そのため、「なお従前の例による」とされるのは、「施行日以後に債権が生じた

場であって、その原因である法律行為が施行日前にされたときを含む」（附則10条1項・14条・16条・26条2項。なお、附則20条1項・3項・24条も同様）、「施行日以後に債務が生じた場合であって、その原因である法律行為が施行日前にされたときを含む」（附則17条1項・25条1項。なお、附則20条2項も同様）とされている。なお、この附則10条1項かっこ書は附則14条・16条・26条2項に準用され、この附則17条1項かっこ書は附則25条1項に準用されているが、この規律については、準用先の条文だけを見ると気づかない可能性があるため、注意が必要である。

**（3） 契約について**　　契約に関する新法の規定は、施行日以後に契約が締結された場合について適用され、施行日前に契約が締結された場合には旧法を適用する（なお従前の例による）ことが原則である（附則29条～34条）。

　契約が締結された時期を基準とするのは、一般に、契約当事者は、当該契約を締結した時点において通用している法令の規定がその債権債務に適用されると考えるのが通常であり、その予測を害さないようにする必要があるためである。

　この点については、「契約法の改正に関する経過措置を通覧すると、新法施行前に締結された契約には新法を適用しないとの政策を示すものが大半である。例外的に、新法施行前に締結されていた契約にも新法を適用するのは、⑿〔筆者注：昭和53年法律78号（仮登記担保法制定）〕である。仮登記担保契約への仮登記担保法の適用を定めるものである。契約法の改正に関する経過措置の政策に概ね一致がみられるが、技術的には若干のバリエーションがある。すなわち、新法施行前に締結された契約について、新法を適用しないとするもの（⑷〔筆者注：昭和32年法律172号（国際海上物品運送法制定）〕、⑸〔筆者注：昭和36年法律159号（割賦販売法制定）〕、⑽〔筆者注：昭和51年法律57号（訪問販売等に関する法律制定）〕、㉑〔筆者注：平成11年法律81号（住宅品質確保促進法制定）〕、㉙〔筆者注：平成16年法律147号（保証法改正・現代語化）〕）、新法施行前に締結された契約について、なお従前の例によるとするもの（⑵〔筆者注：昭和29年法律100号（利息制限法改正）〕、⑱〔筆者注：平成4年法律69号（国際海上物品運送法改正）〕、㉓〔筆者注：平成11年法律153号（良質な賃貸住宅等の供給の促進に関する特別措置法：定期借家法）〕、㉟〔筆者注：平成29年法律44号（債権法改正）〕）、新法は新法施行後に締結された契約に適用されるとするもの（㉔〔筆者注：平成12年法律61号（消費者契約法制定）〕）がある」（小粥太郎「改正債権法の経過措置」民法学Ⅰ80

頁）と指摘されている。

部会資料85・4頁も、「契約に関する規定については、基本的に、施行日以後に契約が締結された場合について改正後の民法の規定を適用し、施行日前に契約が締結された場合についてはなお従前の例によるとする考え方があり得る。契約の当事者は契約を締結した時点において通用している法令の規定が適用されると考えるのが通常であるため、施行日前に契約が締結された場合について改正後の民法を適用すると、当事者の予測可能性を害する結果となること等によるものである」と指摘していた。

ところで、施行日前に締結された契約（以下、「施行日前契約」という）について新法を適用しない旨の経過措置がある場合に、その契約が施行日以後に更新されたときは、新法と旧法のいずれが適用されるのかという問題がある。契約の更新には、①当事者間の合意によるものと、②法律の規定に基づくものとがある。

このうち、①当事者間の合意による更新については、新たな合意がされる時点を基準として新法を適用することに合理性がある。この点について、一問一答383頁は、「契約の更新の合意の時点で、更新後の契約については新法が適用されることへの期待があるといえるので、施行日前契約の締結時点において当事者が有していた旧法適用への期待を保護する必要が失われている」と指摘している。なお、同書383～384頁は、当事者の合意による更新の具体例としては、「契約期間が満了する度に改めて更新の合意をするケース」のほか、「期間の満了前に両当事者のいずれかが異議を述べない限り、自動的に契約が更新されるケース」もこれに当たると指摘しており、その理由としては、「契約期間満了までに契約を終了させないという不作為があることをもって、更新の合意があったと評価することができる」からだと説明している。

これに対して、②法律の規定に基づく更新には、黙示の合意を根拠とするもの（賃貸借期間満了に関する民法619条1項等）と、当事者の意思に基づかないもの（借地借家法26条等）があるところ、一問一答383頁は、これを区別し、前者（黙示の合意を根拠とするもの）は、「施行日以後に合意があったものと扱うのが論理的であり、かつ、この黙示の合意の時点で、新法が適用されることへの期待があるとも考えられるので、新法が適用される」としつつ、後者（当事者の意思に基づかないもの）は、「契約更新の時点で当事者に新法が適用されることについての期待があるともいい難く、更新後も旧法が適用される」と指摘して

いる。

## 2 当事者が三者以上となるケース

　上記1の考え方を基本としていても、当該法律行為の当事者が三者以上となる場合については、さらなる検討が必要である。

　この理由に基づく経過規定として、以下のものがある。その具体的内容については、各論の該当箇所を参照。

**（1）代理に関する経過措置**　附則7条1項は、「施行日前に代理権の発生原因が生じた場合（代理権授与の表示がされた場合を含む。）」におけるその代理について、附則第3条に規定するもののほか、なお従前の例によるとして、代理権の発生原因の発生時（表見代理の場合は代理権授与の表示時）を基準としている。その趣旨は、一般に、取引の当事者等は、法律行為をした時点において適用している法令の規定がその意思表示について適用されると考えるのが通常であるところ、代理行為に対して法令が適用された結果として形成される権利関係等についての本人の予測を害さないためには、施行日前に代理権の発生原因が生じた場合（代理権授与の表示がされた場合を含む）については旧法を適用することが適切という点にある。

　他方で、附則3条は、「施行日前に制限行為能力者……が他の制限行為能力者の法定代理人としてした行為」については、なお従前の例によると規定して、代理行為時を基準としている。その趣旨は、一般に、取引の当事者等は、法律行為をした時点において適用している法令の規定がその意思表示について適用されると考えるのが通常であるところ、当該法律行為に対して法令が適用された結果として形成される権利関係等についての当事者（代理行為の相手方）の予測を害さないためには、代理行為がされた時を基準とし、施行日以後にされた代理行為に対してのみ新法を適用することが適切という点にある。また、新法の規定の方が、広く取消しを認めており、本人の保護に資するとみられることから、本人の予測はそれほど考慮しなくてよいとの考慮が働いているものと思われる。

　また、附則7条2項は、「施行日前に無権代理人が代理人として行為をした場合におけるその無権代理人の責任」については、なお従前の例によると規定して、代理行為時を基準としている。その趣旨は、一般に、取引の当事者等は、法律行為をした時点において適用している法令の規定がその意思表示について適用されると考えるのが通常であるところ、当該法律行為に対して法令が適用

された結果として形成される権利関係等についての当事者の予測を害さないためには、施行日以後に「代理人として行為をした場合」についてのみ新法117条（新法118条において準用する場合を含む）を適用することが適切という点にある。また、代理権授与表示があるとは限らないこと、本人が直接は関係しない規定であることも考慮されているように思われる。

**（2）　債権者代位権に関する経過措置**　　附則18条１項は、「施行日前に旧法第423条第１項に規定する債務者に属する権利が生じた場合」におけるその権利に係る債権者代位権については、なお従前の例によると規定して、被代位権利（すなわち、債務者の第三債務者に対する権利）の発生時を基準としている。その趣旨は、代位権行使の対象である債務者に属する権利が生じた時点を基準として新法の適用の有無を画すれば、規律は簡明となり、債務者および第三債務者の予見可能性という見地からも妥当であるという点にある。なお、代位権を行使する債権者の予測可能性という観点からは、施行日以後に被保全債権が生じた場合におけるその代位債権者について新法を適用するという規律も考えられなくはないが、代位債権者が複数存在する場合に代位債権者ごとに新法が適用されたり適用されなかったりすると、債務者および第三債務者の予測を著しく害する結果となるため、被保全債権の発生時は基準とされなかった。

　また、附則18条２項も、債権者代位権の、いわゆる転用型の一類型に関する新法423条の７の規定につき、「施行日前に生じた」譲渡人（債務者）が第三者に対して有する登記手続・登録手続の請求権（被代位権利）については、同条を適用しないと規定して、被代位権利の発生時を基準としている。その趣旨は、施行日前に権利が生じた場合について新法を適用すると、当事者（譲渡人および第三者）の予測可能性を害する結果となるという点にある。

**（3）　詐害行為取消権に関する経過措置**　　附則19条は、「施行日前に旧法第424条第１項に規定する債務者が債権者を害することを知ってした法律行為がされた場合」におけるその行為に係る詐害行為取消権については、なお従前の例によると規定して、詐害行為時を基準としている。その趣旨は、取消請求の対象である詐害行為がされた時点を基準として改正後の民法の規定の適用の有無を画すれば規律は簡明となり、債務者の予見可能性という見地からも妥当であるという点にある。なお、取消債権者の予測可能性という観点からは、施行日以後に被保全債権が生じた場合におけるその取消債権者について新法を適用することが考えられるし、転得者の予測可能性という観点からは、施行日以後

に転得行為がされた場合におけるその転得者に対する取消請求について新法を適用する規律も考えられるが、取消債権者や転得者が複数存在する場合に取消債権者および転得者ごとに新法が適用されたり適用されなかったりすると、債務者および受益者の予測を著しく害する結果となるため、それらの考え方は採用されなかった。

**（4）　債権の譲渡に関する経過措置**　　附則22条は、「施行日前に債権の譲渡の原因である法律行為がされた場合」におけるその債権の譲渡については、なお従前の例によると規定して、債権の譲渡時を基準としている。その趣旨は、一般に、取引の当事者等は、法律行為をした時点において適用している法令の規定がその意思表示について適用されると考えるのが通常であるところ、債権譲渡の原因である法律行為の当事者（譲渡人・譲受人）の予測を害さないためには、その法律行為が施行日以後に締結された場合についてのみ新法466条から新法469条までを適用することが適切という点にある。

　なお、債務者の予測可能性という観点からみるならば、施行日以後に債権が生じた場合に新法を適用することも考えられる。しかし、債務者にとっては、新法においても譲渡制限特約による弁済の相手方固定の利益は引き続き保護されている（新法466条3項）といえるほか、債務者が供託できる要件が緩和される（新法466条の2）など、債務者が旧法と同程度かそれ以上に保護される面もあること、また、譲渡制限特約の付された債権の譲渡による資金調達の円滑化という改正目的を早期に達成したいという立法趣旨ゆえに、その考え方は採用されなかった（一問一答388頁参照）。

**（5）　差押えを受けた債権を受働債権とする相殺に関する経過措置**　　附則26条3項は、「施行日前の原因に基づいて債権が生じた場合」におけるその債権を自働債権とする相殺（差押えを受けた債権を受働債権とするものに限る）については、なお従前の例によると規定して、自働債権の発生原因が生じた時を基準としている。その趣旨は、自働債権の原因が生じた時点で自働債権者に相殺の期待が生じるという基本的な考え方を及ぼすことが合理的という点にある。

**3　新法の適用範囲を拡張した経過措置**

　改正債権法附則の経過規定には、例外的に、新法の適用範囲を、施行日前にすでに生じていた法律関係にまで拡張したと捉え得るものがある。この点について、一問一答379頁は、「例外的に取引等の当事者の予測を害するとは考えにくく、かつ、法律関係の明確化・安定化の必要性が高いなどの政策的な必要性

に鑑み、上記の基本的な考え方とは異なる考え方を採用して、新法の適用範囲を拡張しているものがある」と指摘している。

この理由に基づく経過規定として、以下のものがある。その具体的内容については、各論の該当箇所を参照。

**（１）　時効障害事由に関する経過措置**　　附則10条２項は、「施行日前に旧法第147条に規定する時効の中断の事由又は旧法第158条から第161条までに規定する時効の停止の事由が生じた場合」におけるこれらの事由の効力については、なお従前の例によると規定している。その趣旨は、施行日前に時効の更新または完成猶予（中断または停止）の事由が生じた場合について新法を適用すると当事者の予測可能性を害する結果となるという点にある。

附則10条３項は、「施行日前に権利についての協議を行う旨の合意が書面でされた場合（その合意の内容を記録した電磁的記録（新法第151条第４項に規定する電磁的記録をいう。……）によってされた場合を含む。）」におけるその合意については、新法151条を適用しないと規定している。その趣旨は、施行日前に権利についての協議を行う旨の合意が書面でされた場合について新法151条を適用すると当事者の予測可能性を害する結果となるという点にある。

**（２）　法定利率に関する経過措置**　　附則15条１項は、「施行日前に利息が生じた場合」におけるその利息を生ずべき債権に係る法定利率については、なお従前の例によると規定しており、その元本について初めて利息が生じた時を基準としている。その趣旨は、施行日前に利息が生じていた場合について新法を適用すると、当事者（債権者および債務者）の予測可能性を害する結果となるため、また、法定利率の変動時における基準時が「利息が生じた最初の時点」とされている（新法404条１項）ことから、施行日以後に初めて利息が生じた場合についてのみ新法404条を適用することが適切という点にある。

附則17条２項は、「施行日前に生じた将来において取得すべき利益又は負担すべき費用についての損害賠償請求権」については、新法417条の２（中間利息控除の割合に関する規定）を適用しないと規定しており、損害賠償請求権が生じた時（例えば、不法行為の場合は不法行為時と解されることが多いと思われる）を基準としている。その趣旨は、施行日前に生じた将来において取得すべき利益または負担すべき費用についての損害賠償請求権について新法を適用すると、当事者（債権者および債務者）の予測可能性を害する結果となるため、また、法定利率の変動時における中間利息控除の割合の基準時が「その損害賠償の請

求権が生じた時点」とされている（新法417条の２）ことから、施行日以後に初めて生じた将来において取得すべき利益または負担すべき費用についての損害賠償請求権についてのみ新法417条の２（新法722条１項において準用する場合を含む）を適用することが適切という点にある。

　附則17条３項は、「施行日前に債務者が遅滞の責任を負った場合」における遅延損害金を生ずべき債権に係る法定利率については、なお従前の例によると規定しており、その元本について初めて履行遅滞が発生した時を基準としている。その趣旨は、施行日前に債務者が遅滞の責任を負った場合について新法を適用すると、当事者（債権者および債務者）の予測可能性を害する結果となるため、また、法定利率の変動時における遅延損害金の利率の基準時が「債務者が遅滞の責任を負った最初の時点」とされている（新法419条１項）ことから、施行日以後に初めて債務者が遅滞の責任を負った場合についてのみ新法419条１項を適用することが適切という点にある。

**（３）　弁済の充当に関する経過措置**　　附則25条２項は、「施行日前に弁済がされた場合」におけるその弁済の充当については、なお従前の例によると規定しており、各弁済がされた時を基準としている。その趣旨は、当事者は弁済行為をした時点において適用している法令の規定がその充当について適用されると考えるのが通常であるところ、当事者の予測を害さないためには、施行日以後に弁済がされた場合の充当についてのみ新法488条から新法491条までの規定を適用することが適切という点にある。

**（４）　相殺の充当に関する経過措置**　　附則26条４項は、「施行日前に相殺の意思表示がされた場合」におけるその相殺の充当については、なお従前の例によると規定しており、相殺の意思表示がされた時を基準としている。その趣旨は、当事者は相殺の意思表示をした時点において適用している法令の規定がその充当について適用されると考えるのが通常であるところ、当事者の予測を害さないためには、施行日以後に相殺の意思表示がされた場合の充当についてのみ新法512条および新法512条の２を適用することが適切という点にある。

**（５）　定型約款に関する経過措置**　　附則33条１項本文は、「施行日前に締結された定型取引（新法第548条の２第１項に規定する定型取引をいう。）に係る契約」についても、新法548条の２から新法548条の４までの規定を適用することを規定している。このように、施行日前に締結されていた契約にまで新法を適用することは、極めて異例である。その趣旨は、定型約款について、旧法には

規定がなく、確立した解釈もないことから、法律関係が不明確である反面、新法においては、当事者双方の利益状況に配慮した合理的な制度が設けられたためである。

　ただし、附則33条１項ただし書は、「旧法の規定によって生じた効力を妨げない」と定めている。これは、すでに旧法によって解決された紛争について新法を適用することはないという意味である。このことは、同項本文は、旧法の下で締結された契約に係る定型約款についても全体としてこれを適用するという原則を内容としており、一種の遡及適用を認めるものともいえるが、適用そのもの、および、その効果の発生は施行後であり、過去に生じた具体的な法律関係に変更をもたらすものではないことを意味する。

**（6）　賃借人による妨害停止等請求権に関する経過措置**　　附則34条３項は、「新法第605条の４の規定は、施行日前に不動産の賃貸借契約が締結された場合において施行日以後にその不動産の占有を第三者が妨害し、又はその不動産を第三者が占有しているとき」にも適用すると規定しており、実際に妨害がされている時を基準としている。その趣旨は、契約の当事者ではない第三者に対する妨害停止等請求権を認める旨の規定を、施行日前に契約が締結された場合について適用しても、契約の当事者の予測可能性を害することにはならない点にある。

**（7）　不法行為による損害賠償請求に関する経過措置**　　不法行為に関する経過措置については、不法行為時を基準とするのが原則である。このことは、「不法行為法の改正に関する経過措置を通覧すると、基本形は、新法施行後の不法行為について新法が適用されるというものだろうと推測される（⑶〔筆者注：昭和30年法律97号（自動車損害賠償保障法制定）〕、⑼〔筆者注：昭和50年法律94号（船舶の所有者等の責任の制限に関する法律：船主責任制限法制定）〕、㉕〔筆者注：平成12年法律101号（金融商品販売法制定）〕、㉘〔筆者注：平成16年法律38号（暴力団員による不当な行為の防止等に関する法律改正）〕。⑼は債務不履行責任にも適用されうる）。⑲〔筆者注：平成６年法律85号（製造物責任法制定）〕の製造物責任法は、製造物の引渡時を基準にしている」（小粥太郎「改正債権法の経過措置」民法学Ⅰ81頁）と指摘されている。

　しかし、附則35条１項は、不法行為による損害賠償請求権の20年という期間制限の法的性質が「消滅時効」であると明示する新法724条２号等の規定について、この期間が「この法律の施行の際既に経過していた場合」におけるその

期間の制限については、なお従前の例によると規定しており、不法行為時ではなく、不法行為から20年間が経過した時を基準としている。その趣旨は、不法行為債権については被害者の保護を優先させる必要があるため新法を幅広く適用することとしたものの、施行日前に旧法724条後段に規定する20年という期間がすでに経過している場合についてまで新法を適用すると、法律関係の安定を著しく害する結果となるという点にある。

　また、附則35条2項は、「人の生命又は身体を害する不法行為による損害賠償請求権の消滅時効」の期間を「5年間」に延長する新法724条の2について、「不法行為による損害賠償請求権の旧法第724条前段に規定する時効がこの法律の施行の際すでに完成していた場合」については適用しないと規定しており、不法行為時ではなく、旧法724条前段の3年間の消滅時効が完成した日を基準としている。その趣旨は、不法行為債権については被害者の保護を優先させる必要があるため新法を幅広く適用することとしたものの、施行日前に旧法724条前段の期間がすでに経過している場合についてまで新法を適用すると、法律関係の安定を著しく害する結果となるという点にある。

# 各論

（施行期日）
第1条
この法律は、公布の日から起算して3年を超えない範囲内において政令で定める日から施行する。ただし、次の各号に掲げる規定は、当該各号に定める日から施行する。
⑴ 附則第37条の規定　　公布の日
⑵ 附則第33条第3項の規定　　公布の日から起算して1年を超えない範囲内において政令で定める日
⑶ 附則第21条第2項及び第3項の規定　　公布の日から起算して2年9月を超えない範囲内において政令で定める日

## ◆解説

### 1　趣旨

本条は、改正債権法の施行時期を定めている。

### 2　内容

**（1）　原則的な施行日（原則施行日）**　本条本文は、「公布の日から起算して3年を超えない範囲内において政令で定める日」から施行するという原則を定めている。

　**(a)　法の適用に関する通則法との違い**　法の適用に関する通則法（以下、「通則法」という）2条本文は、法律の施行期日について、「法律は、公布の日から起算して20日を経過した日から施行する」と規定している。通則法は、「法例（明治31年法律第10号）」の全部を改正するものとして立法された（同法制定文）。通則法には国際私法の準拠法に関する規定が多いところ、このように施行期日の原則についても定めているのは、「法律の施行時期に関する規律、……法律と同一の効力を有する習慣に関する規律、……国際私法に関する規律は、いずれも法規範が我が国において『法』として適用される場合を定めるという法律の適用に関する通則として共通の性質」（小出8頁）を有しているからである。

　通則法2条本文によると、「公布の日を算入して計算し、20日が経過した日が原則的な施行期日となる。例えば、1月1日に公布した場合、1月21日午前0時に施行されることとなる」（小出27頁）。これに対し、通則法2条ただし書

は例外を認め、「法律でこれと異なる施行期日を定めたときは、その定めによる」と規定している。これは、「個別の法律によって施行時期に関する事情が異なると考えられる」（小出27頁）からである。本条は、通則法2条ただし書により、「公布の日から起算して20日を経過した日」（同2条本文）とは異なる施行期日を定めたものである。

(b) 「3年」という周知期間　　本条本文は、公布の日から起算して「3年」を超えない範囲内において政令で定める日から施行するという原則を定めている。

　施行までに必要とされる周知期間は、法令の内容によって異なる。法制執務34〜35頁は、「法令によっては、公布の日から直ちに施行することとすると、その法令の適用を受ける側に混乱を生じるおそれのある場合も考えられることからいって、一般論としていえば、法令の公布の時期と施行の時期との間には一定の期間が置かれることが望ましい」とし、同書289頁は、自動車の交通方法を改める道路交通法の一部改正法を例にとって「新たな規律について周知させるための期間が必要」とし、「民法・商法のように、罰則は伴わないが国民の経済取引の基本ルールを定めるような法令についても、同様」とする。そして、立法学139頁は、「権利を制限したり義務や負担を課したりするような法律の場合には、一定の猶予期間を置くことが望ましいだろう。場合によっては、公布の日から1年後、長期にわたるものでは3年後の施行という例もなくはない」と指摘している。この指摘によれば、本条本文の「3年」という周知期間は、最長に近い。

　改正債権法は、民法の一部を改正する法律であり、対象事項が「契約」に関することを中心に広く及び、変更内容は多岐にわたる。民法は社会生活の基本を定める規範であるから、その内容が変更されることは、多くの人の社会生活に影響を及ぼす。このような法律の一部改正については、今までの法秩序を破壊しないように配慮しつつ、新しい法秩序へと円滑に移行するための工夫が必要とされる。改正債権法は対象事項が多く、その中には大幅な変更となるものも少なくないため、人の社会生活に影響を及ぼす程度が著しい。それゆえ、周知期間を長めに設定する必要性が高い。このことは、「新法は、民法のうち債権関係の諸規定を全般的に見直すものであり、改正事項も多岐にわたることから、施行までの準備期間を十分に確保した上で、施行までの間に効果的な周知を行うことが適当である。そこで、近時の民事関係法の改正における施行まで

の準備期間と比較してもより長期の期間を確保することとされた」(一問一答378頁)と説明されている。

(c)「政令」への委任　本条本文は、施行時期を明示せず、「政令」に委任している。

このように、法律の施行時期を政令に委任するのは、当該法律の施行の準備等に要する期間が明らかでなく、その施行時期を当該法律で確定的に定めることが困難であることによる。このことは、「制定権者が自ら当該法令の施行期日を定めることが望ましいことではあるが、法令の円滑な執行のためには、当該法令の執行に当たる機関の執行上の便宜も十分配慮しなければならないことであり、実際には、この方式により施行期日が定められることになる法令の数は相当多い」(法制執務293頁)と指摘されている。

ただし、法律の施行期日を定めるのは、本来は制定権者(国会)の権限事項であり、政令に対して白紙委任をすることは認められない。そのため、「政令で定めるべき施行期日の最終期限を当該法律において定めておくのが通例である」(法制執務293頁)。本条本文が、「公布の日から起算して3年を超えない範囲内において」としたのは、この最終期限を明確にしたものである。

(d)　施行期日を定める政令　本条本文は、公布の日から起算して3年を超えない範囲内において「政令で定める日」から施行するという原則を定めている。

そして、民法の一部を改正する法律の施行期日を定める政令(平成29年政令309号)により、基本的に、一括して令和2(2020)年4月1日が施行日と定められた。

(e)「施行日」≒原則施行日　改正債権法の施行期日は1つではなく、後述のとおり、3つの例外が設けられている。そのため、令和2年4月1日は、厳密にいえば「原則施行日」であることに注意する必要がある。

法令読解79頁は、「法令の附則を見ると、原則施行日とは別に一部の規定の施行期日である一部施行日が定められていることも多い」とし、同書80頁は、「法令の附則では、『この法律の施行の日(以下「施行日」という。)』という表現をよく見かけますが、これも要注意です。一般に、この『施行』とは原則施行のことを指し、『施行日』というのは、原則施行日を指すものだからです。『この法律の施行の際』とあれば、『この法律の原則施行の際』と、『施行日』とあれば『原則施行日』と頭の中で読み替えてみてください。規定の理解が進

むはず」と説明している。

　改正債権法は「施行日」について改正債権法の「施行の日」であると定義している（附則2条）。これも、原則施行日のことである。本書でも、原則施行日のことを「施行日」と表記している。

**（2）　例外的な施行日**　　1つの法令は、まとまった内容を有しているから、すべての規定が一斉に施行されることが素直である。しかし、様々な理由から、一定の規定について施行時期を分けることがある。法制執務35頁は、「全ての規定が同時に施行されるとは限らず、当該法令中の特定の規定又は特定の事項について異なる施行期日が定められることがあり、この場合には、当該法令は、全体としては段階的に施行されることになる」とし、同書295頁は、「全ての規定について同時に施行するのが普通であるが、法令によっては、その一部の規定についてその施行期日を異ならせる必要のある場合がある」、「多くの異なる施行期日を定める場合には……号を用いて表現することもある」と指摘している。

　改正債権法においても、基本的に一括して令和2年4月1日が施行日と定められたが、以下のとおり、3つの例外がある。

　（a）　**施行時期の例外①**　　本条ただし書1号は、「附則第37条の規定」について「公布の日」から施行するという例外を定めている。

　附則37条は、「この附則に規定するもののほか、この法律の施行に関し必要な経過措置は、政令で定める」としている。これは、経過措置に関する政令を定められるようにするための規定であるところ、経過措置については速やかに定めることが必要な場合が考えられるから、他の規律よりも早期に、公布の日（平成29〔2017〕年6月2日）から施行された。

　（b）　**施行時期の例外②**　　定型約款に関する例外として、本条ただし書2号は、「附則第33条第3項の規定」について「公布の日から起算して1年を超えない範囲内において政令で定める日」から施行すると定めている。

　附則33条3項は、「前項に規定する反対の意思の表示は、施行日前にしなければならない」としている。ここにいう、「前項に規定する反対の意思の表示」とは、"定型約款に関する新法の規律（新法548条の2～548条の4）は、施行日前に締結された定型取引に係る契約についても適用する"という原則（附則33条1項本文）に対し、その例外として附則33条2項が定めている、「反対の意思の表示」である。すなわち、反対の意思表示が、「契約の当事者の一方（契

約又は法律の規定により解除権を現に行使することができる者を除く。）」により、「書面でされた場合（その内容を記録した電磁的記録によってされた場合を含む。）」には、例外的に、施行日前に締結された契約について、定型約款に関する新法の規律は適用されなくなる。これは、定型約款に関しては、施行日前に締結された契約にも新法を適用するのが原則であるところ、それに対する例外として旧法の適用を希望するときは、施行日より前に、その意思表示をすることを必要としたものである。

　この「反対の意思の表示」をするためには、それに関する法律が施行されていることが必要であるため、本条ただし書2号により、施行日よりも早く、「公布の日から起算して1年を超えない範囲内において政令で定める日」から施行することとされた。その後、その具体的な施行日は、民法の一部を改正する法律の施行期日を定める政令（平成29年政令309号）により、平成30（2018）年4月1日と定められた。

　なお、法務省は、ホームページ上で、この「反対の意思表示に関するご注意」（http://www.moj.go.jp/content/001242840.pdf）として、以下の3点を指摘した。

(1)　「**反対の意思表示がされて、改正後の民法が適用されないこととなった場合には、施行日後も改正前の民法が適用される**ことになります。もっとも、改正前の民法には約款に関する規定がなく、確立した解釈もないため、法律関係は不明瞭と言わざるを得ません。改正後の民法においては、当事者双方の利益状況に配慮した合理的な制度が設けられていますから、**万一、反対の意思表示をするのであれば、十分に慎重な検討を行っていただく必要があります。**」

(2)　「契約又は法律の規定により解除権や解約権等を現に行使することができる方（契約関係から離脱可能な者）は、そもそも、反対の意思表示をすることはできないこととされていますので、ご注意ください。」

(3)　「反対の意思表示は、**書面やメール等により行う必要があります。**書面等では、後日紛争になることを防止するため、明瞭に意思表示を行うようご留意ください。」

(c)　**施行時期の例外③**　　保証契約に関する例外として、本条ただし書3号は、「附則第21条第2項及び第3項の規定」について「公布の日から起算して2年9月を超えない範囲内において政令で定める日」から施行すると定めている。

　附則21条2項は、保証人になろうとする者は、施行日より前においても、新法465条の6第1項（新法465条の8第1項において準用する場合を含む）の公正証書の作成を嘱託することができるとしている。また、附則21条3項は、公証人は、前項の規定による公正証書の作成の嘱託があった場合には、施行日より前においても、新法465条の6第2項および新法465条の7（これらの規定を新法465条の8第1項において準用する場合を含む）の規定の例により、その作成をすることができるとしている。

　これは、新法465条の6（および新法465条の8）によると、事業のために負担した貸金等債務を主たる債務とする保証契約は、一定の例外がある場合を除き、保証契約の締結よりも前に公正証書が作成されていないと無効になるところ、施行日から円滑に保証契約を締結することができるよう、施行日より前から公正証書の作成を可能とするため、本条ただし書3号により、「公布の日から起算して2年9月を超えない範囲内において政令で定める日」から施行するとされたものである。その後、その具体的な施行日は、民法の一部を改正する法律の施行期日を定める政令（平成29年政令309号）により、令和2年3月1日と定められた。これは、施行日の1か月前である。

## 3　実務への影響

　施行されることによって改正債権法の規定の効力が一般的に発動されるから、その時期については、経過措置の前提として理解しておく必要がある。

---

（意思能力に関する経過措置）
**第2条**
**この法律による改正後の民法（以下「新法」という。）第3条の2の規定は、この法律の施行の日（以下「施行日」という。）前にされた意思表示については、適用しない。**

---

## ◆解説

### 1　趣旨

　本条は、意思能力に関する新法3条の2の経過措置を定めている。

## 2　内容

### （1）　意思能力に関する改正内容

新法3条の2は、「法律行為の当事者が意思表示をした時に意思能力を有しなかったときは、その法律行為は、無効とする」定めている。これは、判例を明文化したものであるところ、その理由として、「判断能力の低下した高齢者等が不当に不利益を被ることを防ぎ、これを保護する役割」は「高齢化社会が進展する中で……今後ますます高まっていく」ことが指摘された（一問一答13頁）。具体的には、「意思能力を書いた行為の効力」、「意思能力の一時的喪失・無効の主張権者」等の場面で問題になる（BA2～5頁）。

また、新法3条の2については、「意思能力に関しては、両様に解釈可能な新規設定にどのような内容を盛り込んでいくかを考えなければならないが、その際に重要なのは、民法の『人間』観をどのようなものとして指定するかである。ここで求められるのは、当該規定の立案過程から離れて、より広く『人間』観の変遷を民法はどのように捉えてきたか、今後、捉えていくべきかを問う姿勢であろう。一般化・標準化された一定の判断力がありさえすれば、すべての契約について一律に責任を負うべきである、という『人間』観が、複雑化・高度化している現代の取引の実情や人間の認知能力・判断能力に関する現代の知見に照らして、適合的であると言えるかどうか。これらの問いに答えるには、法学の領域にとどまらない広汎な知見が必要とされる。改正民法3条の2の新設は、このような人間像の更新のための『場』が掲示されたと捉えることができる。そうであるならば、この規定の新設を機に、民法のあるべき『人間』像の探求が進められるべきであるというべきだろう」（大村敦志「債権法改正後の解釈論・立法論―進化・連結・多元」民法学Ⅰ44頁）という指摘が重要である。

### （2）　意思能力に関する経過措置

本条は、「施行日……前にされた意思表示」については新法3条の2を適用しないと規定している。その趣旨は、一般に、取引の当事者等は、意思表示をした時点において施行されている法令の規定がその意思表示について適用されると考えるのが通常であるところ、当該意思表示に対して法令が適用された結果として形成される権利関係等についての当事者の予測を害さないためには、施行日以後にされた意思表示に対してのみ新法3条の2を適用することが適切という点にある。

本条の概要を表にすると、次のとおり。

|  | 経過措置の基準となる事実 | 適用される法律の規定 |
|---|---|---|
| 旧法 | 意思表示をしたのが令和2年4月1日前 | なし |
| 新法 | 意思表示をしたのが令和2年4月1日以後 | 3条の2 |

### 3 実務への影響

　新法3条の2は**判例**を明文化したものであるから、実務に対する大きな影響はないと思われる。ただし、新法を根拠とできる時期について理解する必要はある。

### 【参考判例等】

**大審院明治38年5月11日判決・民録11輯706頁**

　意思能力を有しない者がした法律行為は無効となる。

```
（行為能力に関する経過措置）
第3条
施行日前に制限行為能力者（新法第13条第1項第10号に規定する制限行為
能力者をいう。以下この条において同じ。）が他の制限行為能力者の法定
代理人としてした行為については、同項及び新法第102条の規定にかかわ
らず、なお従前の例による。
```

### ◆解説

### 1 趣旨

　本条は、保佐人の同意を要する行為等に関する新法13条1項、および、代理人の行為能力に関する新法102条の経過措置を定めている。

### 2 内容

**（1） 保佐人の同意を要する行為等に関する改正内容**　　新法13条1項10号は、被保佐人が保佐人の同意を得なければならない法律行為（要同意行為）に「前各号に掲げる行為を制限行為能力者……の法定代理人としてすること」を加えた。これにより、被保佐人・被補助人による他の制限行為能力者のための法定

代理行為についても、行為能力の制限の規定によって取り消すことが可能になった。

**（2） 代理人の行為能力に関する改正内容**　新法102条は、本文において、制限行為能力者が代理人としてした行為は行為能力の制限によっては取り消すことができないという原則を規定しつつ、ただし書において、「制限行為能力者が他の制限行為能力者の法定代理人としてした行為」について例外を認めている。

新法102条ただし書は、「代理人は、行為能力者であることを要しない」と規定していた旧法102条について、その解釈の一部を変更する改正である。その理由として、①「制限行為能力者が『他の制限行為能力者』の法定代理人である場合においても制限行為能力者の代理行為の取消しができないとすると、『他の制限行為能力者』の保護が十分に図れないおそれがある」こと、および、②「この場面においては、本人である『他の制限行為能力者』が自ら代理人を選任しているものでもない」ことが指摘された（一問一答30頁）。具体的には、「代理人の行為能力の制限と代理の効力」、「法定代理人の行為能力の制限」等の場面で問題になる（BA34〜37頁）。

**（3） 行為能力に関する経過措置**　本条は、「施行日前に制限行為能力者……が他の制限行為能力者の法定代理人としてした行為」については、なお従前の例によると規定している。これは、既存の（旧法による）法律関係に対する当事者の信頼を保護するため、これまでに扱っていたのと同じように扱うという意味であり、施行日より前にされた制限行為能力者が「他の制限行為能力者」の法定代理人としてした行為については、新法13条1項および新法102条は適用されない。

その趣旨は、一般に、取引の当事者等は、法律行為等をした時点において施行されている法令の規定がその法律行為等について適用されると考えるのが通常であるところ、当該法律行為等に対して法令が適用された結果として形成される権利関係等についての当事者（代理行為の相手方）の予測を害さないためには、代理行為がされた時を基準とし、施行日以後にされた代理行為に対してのみ新法を適用することが適切という点にある。

なお、改正債権法の代理に関する規定の経過措置では、本人の予測可能性を害さないため代理権の発生原因が生じた時を基準とする場合が多いが（附則7条1項参照）、本条では代理行為の時を基準としている。一問一答381頁は、「行

為能力の制限に関する経過措置については、代理権の発生原因が生じた時を基準とするのではなく、代理行為がされた時を新法適用の基準時とし、施行日前に制限行為能力者が他の制限行為能力者の法定代理人として行為をした場合については旧法を適用している（附則3条）」と指摘している。その理由としては、新法の規定の方が、広く取消しを認めており、本人の保護に資するとみられることから、本人の予測はそれほど考慮しなくてよいとの考慮が働いているものと思われる。

本条の概要を表にすると、以下のとおり。

| | 経過措置の基準となる事実 | 適用される法律の規定 |
|---|---|---|
| 旧法 | 他の制限行為能力者の法定代理人として行為したのが令和2年4月1日前 | 102条 |
| 新法 | 他の制限行為能力者の法定代理人として行為したのが令和2年4月1日以後 | 13条1項10号、102条 |

## 3　実務への影響

新法13条1項および新法102条は、従来の解釈を変更するものであり、実務に影響する。そのため、制限行為能力者が他の制限行為能力者の「法定代理人として行為した」時期について注意する必要がある。

---

（無記名債権に関する経過措置）
第4条
施行日前に生じたこの法律による改正前の民法（以下「旧法」という。）第86条第3項に規定する無記名債権（その原因である法律行為が施行日前にされたものを含む。）については、なお従前の例による。

---

## ◆解説

## 1　趣旨

本条は、無記名債権に関する旧法86条3項の経過措置を定めている。

## 2　内容

（1）　無記名債権に関する改正内容　旧法86条3項は、無記名債権を動産とみなしていた。これに対し、新法520条の20は、「無記名証券」について、「記

名式所持人払証券」に関するすべての規定を準用している。

　これは、旧法および旧商法等に分散していた規定を、有価証券に関する規定として整理統合する改正によるものである。このことは、「旧法等にあった関連規定をいったん全て削除した上で、その実質的な内容について一部は修正・追加をしつつも、基本的にはこれを維持し、一体的な有価証券に関する規定を民法中に新設している（新法3編1章7節）」と説明された（一問一答210頁）。

**（2）　無記名債権に関する経過措置**　　本条は、旧法86条3項に規定する、「施行日前に生じた……無記名債権（その原因である法律行為が施行日前にされたものを含む。）」については、なお従前の例によると規定している。これは、既存の（旧法による）法律関係に対する当事者の信頼を保護するため、これまでに扱っていたのと同じように扱うという意味であり、施行日より前に生じた無記名債権については、新法520条の20は適用されない。

　その趣旨は、一般に、取引の当事者等は、法律行為をした時点において施行されている法令の規定がその意思表示について適用されると考えるのが通常であるところ、当該法律行為に対して法令が適用された結果として形成される権利関係等についての当事者の予測を害さないためには、施行日以後にされた法律行為に対してのみ新法を適用することが適切という点にある。

　本条の概要を表にすると、以下のとおり。

| | 経過措置の基準となる事実 | 適用される法律の規定 |
|---|---|---|
| 旧法 | 無記名債権が生じたのが令和2年4月1日前（その原因となる法律行為が令和2年4月1日前にされた場合を含む） | 86条3項 |
| 新法 | 無記名債権が生じたのが令和2年4月1日以後（その原因となる法律行為が令和2年4月1日前にされた場合を除く） | 520条の20 |

**3　実務への影響**

　無記名債権に関する改正は、実質的変更ではない（規定を整理統合したものである）から、実務に対する影響はないと思われる。ただし、時期によって根拠条文が異なるため、経過措置について理解する必要はある。

> （公序良俗に関する経過措置）
> 第5条
> **施行日前にされた法律行為については、新法第90条の規定にかかわらず、なお従前の例による。**

## ◆解説

### 1　趣旨

本条は、公序良俗に関する新法90条の経過措置を定めている。

### 2　内容

**（1）　公序良俗に関する改正内容**　　公序良俗に関する改正のポイントは、①基本的に、旧法90条を維持したこと、および、②いわゆる暴利行為は、旧法と同じ枠組みで判断することにある（QA6頁）。

新法90条は、「公の秩序又は善良の風俗に反する法律行為は、無効とする」と規定している。これは、旧法90条の「事項を目的とする」という文言を削除したものである。その理由について、「この『目的とする』という文言は、一般的な用語法とは異なり、『内容とする』という意味で理解されている」ところ、「民法制定以来の解釈・運用を通じて、法律行為の内容だけでなく、法律行為が行われる過程その他の事情にも広く考慮して、無効とするか否かが判断されるようになっている」ことが指摘された（一問一答15頁）。そのため、基本的には、法改正の影響によって具体的事例における「結論が異なることはない」と指摘されている（BA7頁）。

**（2）　公序良俗に関する経過措置**　　本条は、「施行日前にされた法律行為」については、なお従前の例によると規定している。これは、既存の（旧法による）法律関係に対する当事者の信頼を保護するため、これまでに扱っていたのと同じように扱うという意味であり、施行日より前にされた法律行為については、新法90条は適用されない。

その趣旨は、一般に、取引の当事者等は、法律行為をした時点において施行されている法令の規定がその法律行為について適用されると考えるのが通常であるところ、当該法律行為に対して法令が適用された結果として形成される権利関係等についての当事者の予測を害さないためには、施行日以後にされた法律行為に対してのみ新法を適用することが適切という点にある。

本条の概要を表にすると、以下のとおり。

|  | 経過措置の基準となる事実 | 適用される法律の規定 |
|---|---|---|
| 旧法 | 法律行為をしたのが令和2年4月1日前 | 90条 |
| 新法 | 法律行為をしたのが令和2年4月1日以後 | 90条 |

### 3　実務への影響

新法90条は**判例**を明文化したものであるから、実務に対する影響はないと思われる。ただし、新法が根拠規定となる時期について理解する必要はある。

【参考判例等】

**最高裁昭和47年4月25日判決・判時669号60頁**

賭博の用に供することや賭博で負けた債務の弁済に充てるという動機の下で行われた金銭消費貸借契約のように、法律行為の内容自体は公序良俗に反するものではない事案においても、その動機を相手が知っている場合には、法律行為は無効とする。

---

（意思表示に関する経過措置）

**第6条**

**1　施行日前にされた意思表示については、新法第93条、第95条、第96条第2項及び第3項並びに第98条の2の規定にかかわらず、なお従前の例による。**

**2　施行日前に通知が発せられた意思表示については、新法第97条の規定にかかわらず、なお従前の例による。**

## ◆解説

### 1　趣旨

本条1項は、心裡留保に関する新法93条、錯誤に関する新法95条、詐欺または強迫に関する新法96条2項および3項、ならびに、意思表示の受領能力に関する新法98条の2の経過措置を定めている。

本条2項は、意思表示の効力発生時期等に関する新法97条の経過措置を定め

ている。

## 2 内容

### (1) 意思表示に関する経過措置① 本条１項は、新法93条、新法95条、新法96条２項および３項、ならびに、新法98条の２の経過措置を定めている。

(a) 心裡留保に関する改正内容 新法93条は、心裡留保について規定する。この改正のポイントは、①旧法93条の内容を１項として維持した上で、旧法93条ただし書の「表意者の真意」という文言を「その意思表示が表意者の真意ではないこと」に変更したこと、および、②**判例１**の趣旨を踏まえ、２項を新設して、「善意の第三者」の保護を明記したことにある（QA９頁、BA８〜９頁、一問一答18頁）。

新法93条２項等の第三者保護規定については、「意思表示が無効となったり、取り消されたりした場合に出現した真の権利関係と異なる外形の作出について本人にいかなる帰責性が認められるかを重視すべきであるとする批判理論、すなわち……『帰責性の理論』のインパクトを受け止めたものとなっている。但しこの理論のうち、次の二つの特徴を有するタイプを採用し具体化したものとして理解できる。

第１に、その意味での本人の帰責性の程度が、第三者の信頼保護の要件、とりわけその主観的要件のあり方にカテゴリカルに連動するという特徴である。そこからは、意思表示の各個別制度における本人の帰責性の程度の違いに照らして、第三者の信頼要件を善意とするか善意無過失とするかについて各個別制度の間でのバランスが取れているかが常に意識されることになる。

第２に、意思表示制度における第三者保護制度を、他の信頼保護制度、とりわけ権利外観法理一般とは区別して位置づけるという特徴である。第２の点は第１の点で本人の帰責性を重視するからこそ、意思表示規定における第三者保護制度においては、それが本人の意思的関与に関わるべきことを前提とするものであって、第１第２の点は密接に連関している」（森田110頁）という指摘が重要である。

(b) 錯誤に関する改正内容 新法95条は、錯誤について規定する。この改正のポイントは、①「法律行為の要素」という表現を変更したこと、②動機の錯誤を明文化したこと、③錯誤の効果を「無効」から「取消し」に変更したこと、④表意者に重過失ある場合の例外を明文化したこと、および、⑤「善意でかつ過失がない第三者」の保護を明記したことにある。ここでは、**判例２、３**

を参考としつつ、実質的規律が変更されている（QA12頁、一問一答19～23頁）。具体的には、「表示行為の錯誤」、「動機の錯誤」、「惹起された錯誤と表明保証」、「錯誤者の重過失」、「錯誤取消しと第三者」等の場面で問題になる（BA10～19頁）。

　また、新法95条については、①「１項１号および２号で二つの錯誤概念を立て、２項を１項２号錯誤についての加重要件としている点で、錯誤二元論を採用した。それは古典的な錯誤二元論が効果意思と動機との区別に立脚したものであったのとは異なり、表示錯誤と事実錯誤との区別に基づく二元論である」（森田24頁）、②「〈動機が表示されて意思表示の内容をなしていること〉という裁判実務の趨勢が法文化された。同号の『表意者が法律行為の基礎とした事情』の語は、契約債権の内容に限定されずに、広く、法律行為の前提となる事情（例えば冒頭設例における財産分与という法律行為について贈与者に課税される事実）を含むために用いられている」（森田24頁）、③「２項の『表示』が必要となる。しかしそれは表意者の一方的表示では足りず、相手方の認識可能性を最低限含むものである。その趣旨は同項では１項２号とは異なり『その事情が法律行為の基礎とされていることが表示されていたとき』と受動態にされていることに表現されている。『表示』概念が両当事者の『共通の了解』になっていることを要求するという解釈論も、審議過程からは、実定的に排除されているとまではいえない」（森田25頁）、④最高裁平成28年１月12日判決・民集70巻１号１頁の「判断枠組み（『動機の契約内容化』構成）は支持すべきものであり、新法のもとでも、民法95条２項にいう『その事情が法律行為の基礎とされていることが表示されていた』ことという要件の解釈を通じて妥当すべきものである」（潮見Ⅱ656頁）、⑤「最高裁判例と条文との関係が、今後問題になるだろうと思います。そういう意味では動機の錯誤について新しい条文ができたから解決するということではなく、今後も動機の錯誤の成立範囲を広げて表意者の保護を図るという立場もある一方で、錯誤取消しが認められることは当然相手方のリスクとなるわけですから、相手方の利益を考慮すれば、動機が表示されているだけではなく、動機が契約内容になる必要があると考える立場もあり、できあがった動機の錯誤に関する95条の解釈論が今後展開されていくことになると思います」（実務課題５頁：中井康之発言）という指摘が重要である。

　(c)　**詐欺または強迫に関する改正内容**　新法96条２項・３項は、詐欺について規定する。この改正のポイントは、①第三者による詐欺により意思表示を

した場合の取消範囲を拡張したこと、および、②保護される第三者の要件を「善意」から「善意でかつ過失がない」に変更したことにある（QA 9 〜10頁、一問一答24頁）。具体的には、「第三者の詐欺」、「詐欺取消しと第三者」等の場面で問題になる（BA20〜23頁）。

　(d)　意思表示の受領能力に関する改正内容　　新法98条の 2 は、意思表示の受領能力について規定する。この改正のポイントは、柱書本文に、相手方が意思表示の受領時に意思能力を有していなかった場合についても、その意思表示を相手方に対抗できないと明記したことにある（QA11頁、BA28〜29頁、一問一答25頁）。

　(e)　瑕疵ある意思表示等に関する経過措置　　本条 1 項は、上記(a)〜(d)に関する経過措置として、「施行日前にされた意思表示」については、なお従前の例によると規定している。これは、既存の（旧法による）法律関係に対する当事者の信頼を保護するため、これまでに扱っていたのと同じように扱うという意味であり、施行日より前にされた意思表示については、新法93条、新法95条、新法96条 2 項および 3 項、ならびに新法98条の 2 は適用されない。

　その趣旨は、一般に、取引の当事者等は、意思表示をした時点において施行されている法令の規定がその意思表示について適用されると考えるのが通常であるところ、当該意思表示に対して法令が適用された結果として形成される権利関係等についての当事者の予測を害さないためには、施行日以後にされた意思表示に対してのみ新法93条、新法95条、新法96条 2 項および 3 項、ならびに新法98条の 2 を適用することが適切という点にある。

　これは、瑕疵ある意思表示を前提として第三者が新たに法律関係を形成した場合についても、瑕疵ある意思表示がされたのが施行日より前であるか施行日以後であるかによって適用を区別する趣旨であり、第三者が新たに法律関係を形成した時期を基準としていない。その趣旨は、瑕疵ある意思表示をした本人にとっての予測可能性を重視すべきであることによるものである。第三者の予測可能性も問題となり得るが、第三者は瑕疵ある意思表示が施行日より前にされたか施行日以後にされたかを知り得る立場にあること等を考慮すると、瑕疵ある意思表示をした者の予測可能性を重視するのが相当であるという点にある。部会資料85・1 頁は、代理に関する説明（附則 7 条参照）に続けて、「同様の観点から、瑕疵ある意思表示を前提として第三者が新たに法律関係を形成した場合の規定等についても同様に処理する（瑕疵ある意思表示がされたのが施行日前

であったかどうかで適用関係を切り分ける）こととする考え方があり得る」と指摘していた。

本条1項の概要を表にすると、以下のとおり。

|  | 経過措置の基準となる事実 | 適用される法律の規定 |
|---|---|---|
| 旧法 | 意思表示をしたのが令和2年4月1日前 | 93条、95条、96条2項・3項、98条の2 |
| 新法 | 意思表示をしたのが令和2年4月1日以後 | 93条、95条、96条2項・3項、98条の2 |

**（2）　意思表示に関する経過措置②**　　本条2項は、新法97条の経過措置を定めている。

　(a)　**意思表示の到達等に関する改正内容**　　新法97条は、意思表示の到達等について規律している。この改正のポイントは、①到達主義の範囲を、「隔地者」以外にも拡張したこと、②「相手方が正当な理由なく意思表示の通知が到達することを妨げたとき」に関する規律を明文化したこと、および、③行為能力の喪失を「制限」に変更したことにある（QA10頁、一問一答25頁）。具体的には、「意思表示の到達」、「表意者・受領者の能力の喪失」が問題になる（BA24～27頁）。

　(b)　**意思表示の到達等に関する経過措置**　　本条2項は、「施行日前に通知が発せられた意思表示」については、なお従前の例によると規定している。これは、既存の（旧法による）法律関係に対する当事者の信頼を保護するため、これまでに扱っていたのと同じように扱うという意味であり、施行日より前にされた法律行為については、新法97条は適用されない。

　その趣旨は、一般に、取引の当事者等は、意思表示をした時点において施行されている法令の規定がその意思表示について適用されると考えるのが通常であるところ、当該意思表示に対して法令が適用された結果として形成される権利関係等についての当事者（意思無能力者または制限行為能力者の相手方、すなわち、意思表示の通知を発した者）の予測を害さないためには、施行日以後に通知が発せられた意思表示に対してのみ新法97条を適用することが適切という点にある。

　本条2項の概要を表にすると、次のとおり。

| | 経過措置の基準となる事実 | 適用される法律の規定 |
|---|---|---|
| 旧法 | 意思表示の通知を発したのが令和2年4月1日前 | 97条 |
| 新法 | 意思表示の通知を発したのが令和2年4月1日以後 | 97条 |

## 3　実務への影響

　意思表示に関する改正は、従来の規律を変更するものであり、実務に大きく影響する（特に、錯誤に関する改正は重要である）。そのため、適用条文に応じた経過措置の基準となる事実の生じた時期について注意する必要がある。

## 【参考判例等】

1　**最高裁昭和44年11月14日判決・民集23巻11号2023頁**

　　旧法93条ただし書が類推適用される事案において、民法94条2項を類推適用して、善意の第三者を保護した。

2　**最高裁昭和29年11月26日判決・民集8巻11号2087頁**

　　動機の錯誤を理由として意思表示の効力を否定するためには、その動機が意思表示の内容として相手方に表示されていなければならない。

3　**最高裁昭和40年9月10日判決・民集19巻6号1512頁**

　　錯誤による意思表示の無効は、原則として表意者のみが主張することができる。

---

（代理に関する経過措置）

第7条

1　施行日前に代理権の発生原因が生じた場合（代理権授与の表示がされた場合を含む。）におけるその代理については、附則第3条に規定するもののほか、なお従前の例による。

2　施行日前に無権代理人が代理人として行為をした場合におけるその無権代理人の責任については、新法第117条（新法第118条において準用する場合を含む。）の規定にかかわらず、なお従前の例による。

---

## ◆解説

### 1　趣旨
　本条 1 項は、代理に関する規定の原則的な経過措置を定めている。
　本条 2 項は、無権代理人の責任に関する新法117条（新法118条において準用する場合を含む）の経過措置を定めている。

### 2　内容
**（1）　代理に関する経過措置①**　　本条 1 項は、代理に関する規定の原則的な経過措置を定めている。代理については新法99条から新法118条までが規律しているところ、このうち、新法102条については附則 3 条が、また、新法117条については本条 2 項が別に定めているため、本条 1 項は適用されない。

　**(a)　代理に関する主な改正内容**　　代理に関する改正の主なポイントは、①旧法における解釈を明文化したこと、②旧法105条を削除したこと、③利益相反行為に関する判例法理を明文化したこと（従来の自己契約および双方代理に加え利益相反に関する規律を明文化・違反行為の効果は無権代理とみなす・利益相反行為の意義は従来の解釈を維持）、④代理権濫用に関する判例法理を明文化したこと（代理権の濫用として明文化・相手方が代理人の意図について悪意有過失のとき、代理人の行為は無権代理）、および、⑤表見代理の重畳適用に関する判例法理を明文化したことにある（QA19〜27頁、一問一答27〜29頁・32〜33頁）。具体的には、「代理人に対する詐欺・代理人の詐欺」、「本人の悪意と代理行為の効力」、「復代理人を選任した任意代理人の責任」、「自己契約・双方代理・利益相反」、「代理権の濫用」、「授権代理と越権代理」、「減権代理と越権代理」等の場面で問題になる（BA30〜33頁・38〜47頁）。

　表見代理については、「表見代理制度における権利外観法理の帰結を『帰責性の理論』によって見直すという努力は、多くの論点で主として定式化の困難を理由として明文化の結果を得るに至らず、概ね解釈論にこれまでどおり委ねられたままとなっている……。しかし、審議は『帰責性の理論』「帰責性の理論」の主導の下で進み、いわば目玉として実現された重畳適用の明文化さえ、権利外観法理の進展を単純に承継したものではない」（森田144頁）という指摘が重要である。

　**(b)　代理に関する原則的な経過措置**　　本条 1 項は、「施行日前に代理権の発生原因が生じた場合（代理権授与の表示がされた場合を含む。）」におけるその

代理について、附則3条に規定するもののほか、なお従前の例によるとしている。これは、既存の（旧法による）法律関係に対する当事者の信頼を保護するため、これまでに扱っていたのと同じように扱うという意味であり、施行日より前にされた代理については、新法の規定は適用されない。

　その趣旨は、一般に、取引の当事者等は、法律行為等をした時点において施行されている法令の規定がその法律行為等について適用されると考えるのが通常であるところ、代理行為に対して法令が適用された結果として形成される権利関係等についての本人の予測を害さないためには、施行日より前に代理権の発生原因が生じた場合（代理権授与の表示がされた場合を含む）については旧法を適用することが適切という点にある。

　なお、代理行為の相手方の予測可能性を考えれば代理行為時を基準とすることも考え得るが、本条はそのような考え方をとっていない。その趣旨について、一問一答381頁は、「基準時としては、代理行為や代理権の発生原因である授与行為の時などが考えられるが、新法においては、施行日前に代理権の発生原因が生じた場合には旧法を適用している（附則7条1項）。代理権を授与した本人又はこれを授与された代理人にとっての予測可能性を重視すべきであり、これとの対比では、代理行為の相手方は代理権の授与が施行日前にされたか施行日以後にされたかを確認することも可能な立場にあることを考慮したものである」と指摘している。なお、部会資料85・1頁も、「代理行為の相手方の予測可能性も問題となり得るが、代理行為の相手方は代理権の授与が施行日前にされたか施行日以後にされたかを知り得る立場にあること等を考慮すると、本人側の予測可能性を重視するのが相当であると考えられる」と指摘していた。

　本条1項の概要を表にすると、以下のとおり。

|  | 経過措置の基準となる事実 | 適用される法律の規定 |
|---|---|---|
| 旧法 | 代理権の発生原因が生じた（代理権授与の表示がされた場合を含む）のが令和2年4月1日前 | 99条〜101条、103条〜116条、118条（117条の準用を除く） |
| 新法 | 代理権の発生原因が生じた（代理権授与の表示がされた場合を含む）のが令和2年4月1日以後 | 99条〜101条、103条〜116条、118条（117条の準用を除く） |

**（2）　代理に関する経過措置②**　　本条2項は、新法117条（新法118条において準用する場合を含む）に関する経過措置を定めている。

(a) **無権代理人の責任に関する改正内容**　　新法117条は、無権代理人の責任について規定している。この改正のポイントは、無権代理人の免責要件を一部変更したことにある（QA21〜22頁、BA48〜49頁、一問一答29頁）。

(b) **無権代理人の責任に関する経過措置**　　本条2項は、「施行日前に無権代理人が代理人として行為をした場合」におけるその無権代理人の責任については、なお従前の例によると規定している。これは、既存の（旧法による）法律関係に対する当事者の信頼を保護するため、これまでに扱っていたのと同じように扱うという意味であり、施行日より前にされた意思表示については、新法117条（新法118条において準用する場合を含む）は適用されない。

その趣旨は、一般に、取引の当事者等は、法律行為等をした時点において施行されている法令の規定がその法律行為等について適用されると考えるのが通常であるところ、当該法律行為等に対して法令が適用された結果として形成される権利関係等についての当事者（相手方）の予測を害さないためには、施行日以後に「代理人として行為をした場合」についてのみ新法117条（新法118条において準用する場合を含む）を適用することが適切という点にある。なお、改正債権法の代理に関する規定の経過措置では、本人の予測可能性を害さないように、代理権の発生原因が生じた時または代理権授与表示時を基準とする場合（附則7条1項参照）が多いが、新法117条の対象となる無権代理では、代理権授与表示があるとは限らず、また、本人が直接は関係しない規定なので、相手方の予測可能性をより重視して、代理行為時が基準とされているものと思われる。

本条2項の概要を表にすると、以下のとおり。

|  | 経過措置の基準となる事実 | 適用される法律の規定 |
|---|---|---|
| 旧法 | 代理人として行為をしたのが令和2年4月1日前 | 117条（118条において準用する場合を含む） |
| 新法 | 代理人として行為をしたのが令和2年4月1日以後 | 117条（118条において準用する場合を含む） |

## 3　実務への影響

代理に関する改正は、基本的には判例を明文化した内容が多いものの、実質的な規律を変更した箇所もあり、実務に対する影響が多少ある。そのため、適用条文に応じた経過措置の基準となる事実が生じた時期について注意する必要

がある。

---

（無効及び取消しに関する経過措置）
第 8 条
1　施行日前に無効な行為に基づく債務の履行として給付がされた場合におけるその給付を受けた者の原状回復の義務については、新法第121条の 2 （新法第872条第 2 項において準用する場合を含む。）の規定にかかわらず、なお従前の例による。
2　施行日前に取り消すことができる行為がされた場合におけるその行為の追認（法定追認を含む。）については、新法第122条、第124条及び第125条（これらの規定を新法第872条第 2 項において準用する場合を含む。）の規定にかかわらず、なお従前の例による。

---

## ◆解説

### 1　趣旨

　本条 1 項は、無効な行為における原状回復の義務に関する新法121条の 2 （新法872条 2 項において準用する場合を含む）の経過措置を規定している。

　本条 2 項は、取り消すことができる行為の追認に関する新法122条、追認の要件に関する新法124条、および、法定追認に関する新法125条（これらの規定を新法872条 2 項において準用する場合を含む）の経過措置を定めている。

### 2　内容

**（1）　無効および取消しに関する経過措置①**　　本条 1 項は、新法121条の 2 （新法872条 2 項において準用する場合を含む）の経過措置を規定している。

　(a)　原状回復義務に関する改正内容　　新法121条の 2 は、無効な行為に基づく債務の履行として給付を受けた者の原状回復義務について定めている（一問一答34～36頁）。具体的には、「無効な売買契約の清算」、「無効な贈与契約の清算」等の場面で問題になる（BA50～53頁）。

　(b)　原状回復義務に関する経過措置　　本条 1 項は、「施行日前に無効な行為に基づく債務の履行として給付がされた場合」におけるその給付を受けた者の原状回復の義務について、なお従前の例によると規定している。これは、既

存の（旧法による）法律関係に対する当事者の信頼を保護するため、これまでに扱っていたのと同じように扱うという意味であり、施行日より前にされた給付については、新法121条の２（新法872条２項において準用する場合を含む）は適用されない。

その趣旨は、一般に、取引の当事者等は、法律行為（または準法律行為）をした時点において施行されている法令の規定がその法律行為等について適用されると考えるのが通常であるところ、当該法律行為等（給付）により発生した原状回復義務についての当事者の予測を害さないためには、施行日以後に「無効な行為に基づく債務の履行として給付がされた場合」についてのみ新法121条の２を適用することが適切という点にある。

本条１項の概要を表にすると、以下のとおり。

|  | 経過措置の基準となる事実 | 適用される法律の規定 |
|---|---|---|
| 旧法 | 無効行為に基づく債務の履行として給付されたのが令和２年４月１日前 | なし |
| 新法 | 無効行為に基づく債務の履行として給付されたのが令和２年４月１日以後 | 121条の２（872条２項において準用する場合を含む） |

**（2）　無効および取消しに関する経過措置②**　　本条２項は、新法122条、新法124条および新法125条（これらの規定を新法872条２項において準用する場合を含む）に関する経過措置を定めている。

　**(a)　追認に関する改正内容**　　新法122条は取り消すことができる行為の追認、新法124条は追認の要件、新法125条は法定追認について定めている（一問一答34頁・37頁）。具体的には、「取り消すことができる行為の追認」等の場面で問題になる（BA54～55頁）。

　**(b)　追認に関する経過措置**　　本条２項は、「施行日前に取り消すことができる行為がされた場合」におけるその行為の追認（法定追認を含む）については、なお従前の例によると規定している。これは、既存の（旧法による）法律関係に対する当事者の信頼を保護するため、これまでに扱っていたのと同じように扱うという意味であり、施行日より前にされた行為（取り消すことができる行為）については、新法122条、新法124条および新法125条（これらの規定を新法872条２項において準用する場合を含む）は適用されない。

　その趣旨は、一般に、取引の当事者等は、法律行為等をした時点において施

行されている法令の規定がその法律行為等について適用されると考えるのが通常であるところ、当該法律行為等を取り消すことができる場合の権利義務等についての当事者の予測を害さないためには、施行日以後に「取り消すことができる行為がされた場合」についてのみ新法122条、新法124条および新法125条（これらの規定を新法872条2項において準用する場合を含む）を適用することが適切という点にある。

本条2項の概要を表にすると、以下のとおり。

|  | 経過措置の基準となる事実 | 適用される法律の規定 |
|---|---|---|
| 旧法 | 取り消すことができる行為をされたのが令和2年4月1日前 | 122条、124条、125条（これらの規定を872条2項において準用する場合を含む） |
| 新法 | 取り消すことができる行為をされたのが令和2年4月1日以後 | 122条、124条、125条（これらの規定を872条2項において準用する場合を含む） |

### 3 実務への影響

無効および取消しに関する改正は、従来の規律を変更するものであり、実務に多少影響する。そのため、適用条文に応じた経過措置の基準となる事実が生じた時期について注意する必要がある。

---

（条件に関する経過措置）
第9条
新法第130条第2項の規定は、施行日前にされた法律行為については、適用しない。

---

## ◆解説

### 1 趣旨

本条は、条件の成就の妨害等に関する新法130条2項の経過措置を定めている。

## 2　内容

(a)　**条件に関する改正内容**　　新法130条 2 項は、当事者が不正に条件を成就させた場合の効果を定めている（一問一答38～39頁）。具体的には、「条件の成就の妨害・不正な条件成就」等の場面で問題になる（BA56～57頁）。

(b)　**条件に関する経過措置**　　本条は、「施行日前にされた法律行為」については、新法130条 2 項を適用しないと規定している。

その趣旨は、一般に、取引の当事者等は、法律行為をした時点において施行されている法令の規定がその法律行為について適用されると考えるのが通常であるところ、当該法律行為の条件成就についての当事者の予測を害さないためには、施行日以後に法律行為（条件を定める法律行為）がされた場合についてのみ新法130条 2 項を適用することが適切という点にある。

本条の概要を表にすると、以下のとおり。

|  | 経過措置の基準となる事実 | 適用される法律の規定 |
|---|---|---|
| 旧法 | 法律行為をしたのが令和 2 年 4 月 1 日前 | なし |
| 新法 | 法律行為をしたのが令和 2 年 4 月 1 日以後 | 130条 2 項 |

## 3　実務への影響

条件に関する改正は、**判例**を明文化したものであるから、実務に対する影響はないと思われる。ただし、新法が根拠規定となる時期について理解する必要はある。

## 【参考判例等】
**最高裁平成 6 年 5 月31日判決・民集48巻 4 号1029頁**

　　櫛歯ピン付きかつらを製造しないという和解をした後に、原告が客を装って被告の店舗に行き、強引に櫛歯ピン付きかつらを製造させた。事案において単に和解条項違反の有無の調査ないし確認の範囲を越えて、和解条項違反行為を誘引した場合には、旧法130条の類推適用により、被告である和解契約の相手方は条件が成就していないものとみなすことができる。

---

（時効に関する経過措置）
第10条
1　施行日前に債権が生じた場合（施行日以後に債権が生じた場合であって、その原因である法律行為が施行日前にされたときを含む。以下同じ。）におけるその債権の消滅時効の援用については、新法第145条の規定にかかわらず、なお従前の例による。
2　施行日前に旧法第147条に規定する時効の中断の事由又は旧法第158条から第161条までに規定する時効の停止の事由が生じた場合におけるこれらの事由の効力については、なお従前の例による。
3　新法第151条の規定は、施行日前に権利についての協議を行う旨の合意が書面でされた場合（その合意の内容を記録した電磁的記録（新法第151条第4項に規定する電磁的記録をいう。附則第33条第2項において同じ。）によってされた場合を含む。）におけるその合意については、適用しない。
4　施行日前に債権が生じた場合におけるその債権の消滅時効の期間については、なお従前の例による。

---

## ◆解説

### 1　趣旨

　本条1項は、時効の援用に関する新法145条の経過措置を定めている。

　本条2項は、時効の中断事由に関する旧法147条、および、時効の停止事由に関する旧法158条から旧法161条までの経過措置を定めている。

　本条3項は、協議を行う旨の合意による時効の完成猶予に関する新法151条の経過措置を定めている。

　本条4項は、債権の消滅時効の期間に関する経過措置を定めている。

### 2　内容

（1）　時効に関する経過措置①　　本条1項は、新法145条に関する経過措置として、「施行日前に債権が生じた場合（施行日以後に債権が生じた場合であって、その原因である法律行為が施行日前にされたときを含む。以下同じ。）」におけるその債権の消滅時効の援用については、なお従前の例によると規定している。これは、既存の（旧法による）法律関係に対する当事者の信頼を保護するため、

これまでに扱っていたのと同じように扱うという意味であり、施行日より前に債権が生じた場合（本条1項により、「施行日以後に債権が生じた場合であって、その原因である法律行為が施行日前にされたときを含む」）におけるその債権の消滅時効の期間については、新法145条は適用されない。

(a) **時効の援用に関する改正内容**　新法145条は、時効の援用について規定している。これは、**判例1**、**2**を明文化し、「当事者」の後に「（消滅時効にあっては、保証人、物上保証人、第三取得者その他権利の消滅について正当な利益を有する者を含む。）」というかっこ書を加えたものである（QA29〜30頁、BA58〜59頁、一問一答42〜43頁）。

(b) **時効の援用に関する経過措置**　本条1項は、「施行日前に債権が生じた場合（施行日以後に債権が生じた場合であって、その原因である法律行為が施行日前にされたときを含む。以下同じ。）」におけるその債権の消滅時効の援用については、なお従前の例によると規定している。これは、既存の（旧法による）法律関係に対する当事者の信頼を保護するため、これまでに扱っていたのと同じように扱うという意味であり、施行日より前に債権が生じた場合（施行日以後に債権が生じた場合であって、その原因である法律行為が施行日より前にされたときを含む）におけるその債権の消滅時効の援用については、新法145条は適用されない。

その趣旨は、施行日より前に債権が生じた場合（施行日以後に債権が生じた場合であって、その原因である法律行為が施行日より前にされたときを含む）について新法を適用すると、当事者（債権者および債務者）の予測可能性を害し、多数の債権を有する債権者にとって債権管理上の支障を生じるおそれもあるため、施行日以後に債権が生じた場合（かつ、その原因である法律行為が施行日以後にされた場合）についてのみ新法145条を適用することが適切という点にある。

なお、本条1項において、「施行日前に債権が生じた場合」には「施行日以後に債権が生じた場合であって、その原因である法律行為が施行日前にされたときを含む」とされているところ、「以下同じ」とあるため、本条1項以下における「施行日前に債権が生じた場合」に関する規律（本条4項・14条・16条・26条2項）でも、その原因である法律行為が施行日より前にされたときを含むことに留意する必要がある。

この点について、一問一答385〜386頁は、「契約等の法律行為によって債権が生じた場合については、『その原因である法律行為』（附則10条1項参照）が

された時点で新法適用の基準時となる。そのため、契約に基づいて停止条件付債権が発生した場合には、停止条件成就時ではなく契約締結時が基準となる。また、例えば、①賃貸借契約の賃借人が必要費を支出した場合における賃借人の賃貸人に対する必要費償還請求権、②売買契約の売主が契約の内容に適合しない目的物を引き渡した場合における買主の売主に対する損害賠償請求権（担保責任）、③雇用契約の使用者が安全配慮義務を怠ったことによって労働災害が発生した場合における労働者の使用者に対する損害賠償請求権（債務不履行責任）については、いずれも各契約が『原因である法律行為』に当たり、契約締結時が基準となるものと解される」と指摘している。

　本条1項の概要を表にすると、以下のとおり。

|  | 経過措置の基準となる事実 | 適用される法律の規定 |
|---|---|---|
| 旧法 | 債権が生じたのが令和2年4月1日前（その原因である法律行為が令和2年4月1日前にされたときを含む） | 145条 |
| 新法 | 債権が生じたのが令和2年4月1日以後（その原因である法律行為が令和2年4月1日前にされたときを除く） | 145条 |

**（2）　時効に関する経過措置②**　　本条2項は、旧法147条、および、旧法158条から旧法161条までに関する経過措置として、「施行日前に旧法第147条に規定する時効の中断の事由又は旧法第158条から第161条までに規定する時効の停止の事由が生じた場合」におけるこれらの事由の効力については、なお従前の例によると規定している。これは、既存の（旧法による）法律関係に対する当事者の信頼を保護するため、これまでに扱っていたのと同じように扱うという意味であり、施行日より前に時効障害事由が生じた場合については、新法147条、および、新法158条から新法161条までの規定は適用されない。

　**(a)　時効障害事由に関する改正内容**　　時効障害事由に関する改正のポイントは、「時効の中断」を「時効の更新」に、「時効の停止」を「時効の完成猶予」にそれぞれ改正して、時効障害事由の規律を整備したことにある（QA38～42頁、一問一答44～48頁）。具体的には、「時効の完成猶予および更新」、「裁判上の請求と裁判上の催告」、「物上保証人に対する抵当権の実行」、「天災等による時効の完成猶予」等の論点で問題になる（BA60～63頁・68～71頁）。

　旧法147条は時効の中断の事由、旧法158条から旧法161条までは時効の停止の事由について規定していた。改正債権法では、時効障害事由が大きく整理されるとともに、「中断」・「停止」という用語は、「更新」・「完成猶予」という用語へと改められた（新法147条〜161条）。例えば、「請求」と「差押え」は、旧法の法文上は単純に中断事由とされていた（旧法147条1号・2号）。しかし、新法は、「裁判上の請求」や「強制執行」等の開始した時点では完成猶予とし、原則として裁判手続等の継続中は（例外として、権利が確定することなく終了した場合等は、その終了の時から6か月を経過するまでの間も）、「時効は、完成しない」（すなわち完成猶予が継続する）ものとしている（新法147条1項・148条1項）。そして、その上で確定判決等によって権利が確定した場合等には、時効は、完成猶予事由（裁判上の請求等）が終了した時から「新たにその進行を始める」（すなわち時効期間が更新される）こととされた（新法147条2項・148条2項本文）。また、新法では、用語の変更だけではなく、その実質的な内容が改正されたものもある。例えば、「仮差押え」と「仮処分」は、旧法では中断事由とされていたが（旧法147条2号）、新法では、完成猶予事由にすぎず、更新事由とはされていない（新法149条）。これらは本訴等を予定した暫定的な手続であるから、その事由が終了した時から6か月を経過するまでの間、完成猶予を認めれば足りるとされたものである。

　時効障害については、「従来、裁判上の催告という法理で捉えられてきた場面が、改正法147条1項で完成猶予事由として捉えられているのであれば、その限りでは裁判上の催告という概念を持ち出すまでもないということになるかもしれません。ただ、あえて申しますと、果たして今回規定されたところだけで全てカバーされているのかには疑問の余地があります。例えば一部請求の場合の取扱いについては、今回の立法では特に明確な決着をつけたということではありません。従来から議論がありますけれども、今後も解釈に委ねられることになりました。そういう場合については、なお、裁判上の催告という概念を用いることに意味が残ることがあるかもしれません」（実務課題46頁：鹿野菜穂子発言）という指摘が重要である。

　(b)　**時効障害に関する経過措置**　　本条2項は、「施行日前に旧法第147条に規定する時効の中断の事由又は旧法第158条から第161条までに規定する時効の停止の事由が生じた場合」におけるこれらの事由の効力については、なお従前の例によると規定している。これは、既存の（旧法による）法律関係に対する

当事者の信頼を保護するため、これまでに扱っていたのと同じように扱うという意味であり、施行日より前に旧法147条に規定する時効の中断の事由または旧法158条から旧法161条までに規定する時効の停止の事由が生じた場合におけるこれらの事由の効力については、新法147条から新法150条まで、および、新法152条から新法161条までの規定は適用されない。

その趣旨は、施行日より前に時効の更新または完成猶予（中断または停止）の事由が生じた場合について新法を適用すると当事者の予測可能性を害する結果となるという点にある。

この点については、部会資料85・2頁においても、「改正後の民法の時効に関する規定のうち、時効の更新又は完成猶予に関する規定については、基本的には、施行日以後に更新又は完成猶予の事由が生じた場合（例えば施行日以後に訴えが提起された場合や権利についての協議を行う旨の合意がされた場合）について適用し、施行日前に時効の更新又は完成猶予（中断又は停止）の事由が生じた場合についてはなお従前の例によることとする考え方があり得る。施行日前に時効の更新又は完成猶予（中断又は停止）の事由が生じた場合について改正後の民法の規定を適用すると、当事者の予測可能性を害する結果となること等によるものである」と説明されており、参考になる。

本条2項の概要を表にすると、以下のとおり。

|  | 経過措置の基準となる事実 | 適用される法律の規定 |
|---|---|---|
| 旧法 | 時効障害事由（中断・停止）が生じたのが令和2年4月1日前 | 147条、158条〜161条 |
| 新法 | 時効障害事由（更新・完成猶予）が生じたのが令和2年4月1日以後 | 147条〜150条、152条〜161条 |

**（3）　時効に関する経過措置③**　　本条3項は、新法151条に関する経過措置として、「施行日前に権利についての協議を行う旨の合意が書面でされた場合（その合意の内容を記録した電磁的記録（新法第151条第4項に規定する電磁的記録をいう。……）によってされた場合を含む。）」におけるその合意については、新法151条を適用しないと規定している。

**(a)　協議を行う旨の合意による時効の完成猶予に関する改正内容**　　新法151条は、権利についての協議を行う旨の合意が書面でされたとき等について、

時効の完成猶予を認める、という制度を新設している。これは、旧法下では、消滅時効期間の満了が近づいてくると、債権者は、債務が承認されないときには訴え提起等をしていたところ、①時効完成阻止のために訴え提起等の手段を採ることは、債権者にとって大きな負担であること、②債務者としても、債務の承認まではしたくないが、訴訟に至ることなく話し合いで解決したいというニーズもあることが考慮されて、当事者の負担軽減と協議による紛争解決の促進のために新制度が設けられたものである。協議を行う旨の合意は、書面（電磁的記録を含む）による必要がある（QA41頁、一問一答49〜51頁）。具体的には、「協議を行う旨の合意による時効の完成猶予」、「協議を行う旨の合意の繰返しと時効の完成猶予」等の論点が問題になる（BA64〜67頁）。

この点における法務省民事局長の答弁として、以下のものがある。①医療ADRの事案などで、申立書および相手方提出書面の記載内容によっては、協議による時効の完成猶予の要件を満たす場合があるが、争いにならないように、協議を行う合意は明確に書面化しておくことが望ましい（参議院会議録10号21頁）。②この場合の書面に特段の制限はなく、当事者の署名、記名押印が要求されるわけでもなく、当事者双方の意思が1通の書面に表されているという必要もない（参議院会議録10号22頁）。③契約書に予め記載された誠実協議条項や裁判管轄条項をもって、協議を行う旨の合意があったとは、通常、認められない（参議院会議録10号23頁）。

協議による完成猶予の制度については、「新たに設けられた趣旨については、当事者の話合いによる自主的な紛争解決の機会を尊重するとともに、権利者が時効の更新に向けた措置を講ずる期間を与えることにあると思います。このような考慮に基づき導入する方向で議論が進んだのですが、他方で明確性の確保等の必要性が指摘され、書面による合意等の所定の要件が設けられました。明確性との調整は仕方がないと思います。ただ、従来はこの規定がなかったので、例えば協議が行われている途中で時効期間が満了した場合に、当該具体的な事情の下で債務者が時効を援用することは、信義則に反して認められないなどとする柔軟な解釈の可能性もあったのではないかと思います。今後も具体的な事情の下で、信義則の適用可能性が全く否定されるわけではないと思いますが、151条の規定の新設がありますので、同条の要件を満たしていない場合の処理に、多少影響を及ぼすことがあるかもしれないと感じています」（実務課題53頁：鹿野菜穂子発言）という指摘が重要である。

(b) 協議を行う旨の合意による時効の完成猶予の経過措置　本条3項は、「施行日前に権利についての協議を行う旨の合意が書面でされた場合（その合意の内容を記録した電磁的記録（新法第151条第4項に規定する電磁的記録をいう。……）によってされた場合を含む。）」におけるその合意については、新法151条を適用しないと規定している。

その趣旨は、施行日より前に権利についての協議を行う旨の合意が書面でされた場合に新法151条を適用すると、当事者の予測可能性を害する結果となるという点にある。

一問一答385頁は、「時効の中断・停止（更新・完成猶予）の事由の効力はこれらの事由が生ずることによって初めて現実に問題になるものであることから、当事者はこれらの事由が生じた時点における法律が適用されると予測し期待するのが通常であると考えられる。また、『中断・停止』又は『更新・完成猶予』という二つの制度が長期間並存すると、時効をめぐる法律関係が複雑化することから、新法の『更新・完成猶予』に関する規定は、できるだけ幅広く適用するのが相当であると考えられる。以上を踏まえ、施行日前に時効の中断・停止の事由（更新・完成猶予の事由）が生じた場合については旧法を適用し、施行日以後にこれらの事由が生じた場合には新法を適用している（附則10条2項・3項）。そのため、施行日前に生じた債権であっても、施行日以後に新たな完成猶予事由である書面による協議の合意（新151条）をすることで、時効の完成が猶予される」と指摘している。

本条3項の概要を表にすると、以下のとおり。

| | 経過措置の基準となる事実 | 適用される法律の規定 |
|---|---|---|
| 旧法 | 権利についての協議を行う旨の合意が書面（電磁的記録を含む）でされたのが令和2年4月1日前 | なし |
| 新法 | 権利についての協議を行う旨の合意が書面（電磁的記録を含む）でされたのが令和2年4月1日以後 | 151条 |

**（4）　時効に関する経過措置④**　本条4項は、債権の消滅時効の期間に関する経過措置として、「施行日前に債権が生じた場合」（本条1項により、「施行日以後に債権が生じた場合であって、その原因である法律行為が施行日前にされたと

きを含む」）におけるその債権の消滅時効の期間については、なお従前の例によると規定している。

　(a)　**債権の消滅時効期間に関する主な改正内容**　　この改正のポイントは、①主観的起算点と客観的起算点の２つの概念を導入したこと、②時効期間の原則は主観的起算点より５年、客観的起算点より10年としたこと、③定期金債権の時効期間は主観的起算点より10年、客観的起算点より20年としたこと、④生命・身体の侵害による損害賠償請求権の時効期間は不法行為・債務不履行問わず、主観的起算点より５年、客観的起算点より20年としたこと、および、⑤職業別の短期消滅時効および商事消滅時効は廃止したことにある（QA31〜37頁、一問一答53〜62頁）。具体的には、「消滅時効期間の短縮と二重期間化」、「短期消滅時効の廃止による期間の長期化」、「短期消滅時効の廃止による期間の統一・単純化」、「商事消滅時効の廃止の影響」、「安全配慮義務違反の時効期間と起算点」、「定期金債権の消滅時効」、「契約責任と不法行為責任の消滅時効間」等の論点が問題になる（BA72〜85頁）。

　債権の消滅時効の期間については、旧法166条から旧法174条まで、および、新法166条から新法169条までが定めている。なお、不法行為による損害賠償請求権の時効期間の経過措置については、附則35条が規律しており、本条４項の対象ではない。

　(b)　**原則的な消滅時効期間および起算点**　　債権の消滅時効における原則的な時効期間および起算点については、債権者が「権利を行使することができることを知った時」（主観的起算点）から５年間行使しないとき、または債権者が「権利を行使することができる時」（客観的起算点）から10年間行使しないときは、債権は時効によって消滅すると改正された（新法166条１項）。主観的起算点から５年、客観的起算点から10年という二本立ての時効期間および起算点が採用されたことが、ポイントである。二本立ての時効期間のうち、いずれか早い方によるため、私人間の売買代金債権や貸金債権等の時効期間は、主観的起算点から５年となる可能性が高いことに注意が必要である。

　(c)　**短期消滅時効期間等の廃止**　　民法上の職業別に定められていた短期消滅時効期間（旧法170条〜174条）と商事消滅時効期間（旧商法522条）の特則は、廃止された。特別法の消滅時効期間には、債権法改正に合わせて変更されたもの（信託法43条、製造物責任法５条２項等）もあるし、変更されていないもの（保険法95条、会社法701条・705条３項等）もある。賃金等の消滅時効期間（労働

基準法115条）については、厚生労働省等において改正が検討されている。この点については、「労働基準法115条の規定は、改正前民法の174条１号に定める１年の短期消滅時効期間の特則として、労働者保護の観点から２年間の消滅時効を定めたものです。今回の改正で民法では１年の短期消滅時効の規定が削除され、主観的な起算点から５年、客観的な起算点から10年という時効に基本的には統一されたわけです。これを前提とすると、労働基準法がこの民法の５年の期間に対する特則を置いて賃金等請求権の行使期間をそれより短くすることにどれだけの合理性があるのか。もし短くすることになんらかの合理性が仮にあるとしても、２年という期間が果たして適切なのかについては、改めて労働分野の実情等も踏まえて検討が行われるべきだと考えています」（実務課題41～42頁：高須順一発言）と指摘されていた。厚生労働大臣が令和２（2020）年１月10日に労働政策審議会に意見を求めた「労働基準法の一部を改正する法律案要綱」は、５年間に延長することを原則としつつ、経過措置において当分の間、現行の労基法第109条に規定する記録の保存期間に合わせて３年間の消滅時効期間とすることとしている。

　弁済期の定めがある契約上の債権は、主観的起算点と客観的起算点が通常は一致するので、実務上、起算点の判断が難しくなることは考えにくい。これに対して、雇用契約上の安全配慮義務違反に基づく損害賠償請求権等については、主観的起算点と客観的起算点が異なり得る。例えば安全配慮義務違反では、主観的起算点は、単に、損害の発生という事実を知った時点から起算されるわけではなく、債務不履行に該当するか否かの判断が可能な程度に事実を知ったといえるか、当該事案における債権者の具体的な権利行使の可能性を考慮して起算が判断される（部会資料78A・10頁）。

　(d)　**生命・身体の侵害（人身被害）に基づく損害賠償請求権の特則**　生命・身体の侵害に基づく損害賠償請求権は、債務不履行に基づくものも、時効期間が長期化され、客観的起算点から20年とされた（新法167条）。旧法では、生命・身体の侵害の場合、債務不履行（安全配慮義務違反）構成と不法行為構成とで期間制限に差があったが、この問題点は解消されることになる。

　この点における法務省民事局長の答弁として、以下のものがある。① PTSD（心的外傷後ストレス障害）が発症した場合には身体を害する行為に当たる（衆議院会議録12号22頁）。②債務不履行の場合でも説明義務違反・安全配慮義務違反のケースでは、義務違反があり債務不履行が生じていると一般人が判断する

に足りる事実を知っていたことが必要である（衆議院会議録13号7頁）。

　(e)　**債権の消滅時効期間等に関する経過措置**　　本条4項は、「施行日前に債権が生じた場合」におけるその債権の消滅時効の期間については、なお従前の例によると規定している。これは、既存の（旧法による）法律関係に対する当事者の信頼を保護するため、これまでに扱っていたのと同じように扱うという意味であり、施行日より前に債権が生じた場合（本条1項により、「施行日以後に債権が生じた場合であって、その原因である法律行為が施行日前にされたときを含む」）におけるその債権の消滅時効の期間については、新法166条から新法169条までの規定は適用されない。

　その趣旨は、施行日より前に債権が生じた場合（施行日以後に債権が生じた場合であって、その原因である法律行為が施行日より前にされたときを含む）について新法を適用すると、当事者（債権者および債務者）の予測可能性を害し、多数の債権を有する債権者にとって債権管理上の支障を生じるおそれもあるため、施行日以後に債権が生じた場合（かつ、その原因である法律行為が施行日以後にされた場合）についてのみ新法166条から新法169条までの規定を適用することが適切という点にある。

　一問一答385頁は、「消滅時効期間に関する規定（新166条〜新169条、旧166条〜旧174条の2）の改正については、当事者は時効の対象である債権が生じた時点における法律が適用されると予測し期待するのが通常であると考えられる。すなわち、債権者としては、その債権が生じた時点において、その債権の消滅時効の期間が何年であるかを予測し、それを前提に時効管理事務等を行うのが通常である。以上を踏まえ、施行日前に債権が生じた場合については旧法を適用し、施行日以後に債権が生じた場合には新法を適用している（附則10条4項）」と指摘している。なお、部会資料85・1〜2頁も、「改正後の民法の時効に関する規定のうち、消滅時効の期間及び起算点に関する規定については、基本的には、施行日以後に債権が生じた場合（停止条件付法律行為又は効力始期付法律行為により債権が生じた場合にあっては、施行日以後にこれらの行為がされた場合。以下同じ。）について適用し、施行日前に債権が生じた場合についてはなお従前の例によることとする考え方があり得る。施行日前に債権が生じた場合について改正後の民法の規定を適用すると、当事者（債権者及び債務者）の予測可能性を害し、多数の債権を有する債権者にとって債権管理上の支障を生ずるおそれもあること等によるものである」と指摘していた。

本条4項の概要を表にすると、以下のとおり。

| | 経過措置の基準となる事実 | 適用される法律の規定 |
|---|---|---|
| 旧法 | 債権が生じたのが令和2年4月1日前（その原因である法律行為が令和2年4月1日前にされたときを含む） | 166条～174条 |
| 新法 | 債権が生じたのが令和2年4月1日以後（その原因である法律行為が令和2年4月1日前にされたときを除く） | 166条～169条 |

## 3　実務への影響

　消滅時効に関する改正は、従来の規律を変更するものであり、実務に大きく影響する（特に、消滅時効期間の変更、更新・完成猶予に関する改正は重要である）。そのため、適用条文に応じた経過措置の基準となる事実が生じた時期について注意する必要がある。

【参考判例等】
1　最高裁昭和43年9月26日判決・民集22巻9号2002頁
　　物上保証人は、直接利益を受ける者であり、消滅時効を援用することができる。
2　最高裁昭和48年12月14日判決・民集27巻11号1586頁
　　第三取得者は、直接利益を受ける者であり、消滅時効を援用することができる。

---

（債権を目的とする質権の対抗要件に関する経過措置）
第11条
施行日前に設定契約が締結された債権を目的とする質権の対抗要件については、新法第364条の規定にかかわらず、なお従前の例による。

## ◆解説

## 1　趣旨

　本条は、債権を目的とする質権（債権質）の対抗要件に関する新法364条の経過措置を定めている。

## 2 内容

**（1） 債権を目的とする質権の対抗要件に関する改正内容**　新法364条は、債権を目的とする質権の対抗要件について規定している。ここでは、質権設定の目的となる債権についても、将来債権が含まれることが明らかにされた。

　これは、債権譲渡において、判例が明文化され、「その意思表示の時に債権が現に発生していることを要しない」（新法466条の6第1項）として将来債権を含むとされたことに伴う改正である（QA103頁、BA268〜269頁、一問一答174頁）。

**（2） 債権を目的とする質権の対抗要件に関する経過措置**　本条は、「施行日前に設定契約が締結された債権を目的とする質権の対抗要件」については、なお従前の例によると規定している。これは、既存の（旧法による）法律関係に対する当事者の信頼を保護するため、これまでに扱っていたのと同じように扱うという意味であり、施行日より前に質権設定契約が締結された、債権を目的とする質権の対抗要件については、新法364条は適用されない。

　その趣旨は、一般に、取引の当事者等は、法律行為をした時点において適用している法令の規定がその意思表示について適用されると考えるのが通常であるところ、質権設定契約の当事者の予測を害さないためには、施行日以後に設定契約が締結された債権を目的とする質権の対抗要件についてのみ新法364条を適用することが適切という点にある。

　本条の概要を表にすると、以下のとおり。

| | 経過措置の基準となる事実 | 適用される法律の規定 |
|---|---|---|
| 旧法 | 債権質の設定契約を締結したのが令和2年4月1日前 | 364条 |
| 新法 | 債権質の設定契約を締結したのが令和2年4月1日以後 | 364条 |

## 3 実務への影響

　債権を目的とする質権の対抗要件に関する改正は、**判例**を明文化したものであるから、実務に対する影響はないと思われる。ただし、新法が根拠規定となる時期について理解する必要はある。

**【参考判例等】**
**最高裁平成11年1月29日判決・民集53巻1号151頁**

　譲渡の対象となる債権の範囲が適宜の方法（発生原因・時期、金額など）で特定されていれば、将来債権も有効に譲渡できる。

---

（指図債権に関する経過措置）
第12条
施行日前に生じた旧法第365条に規定する指図債権（その原因である法律行為が施行日前にされたものを含む。）については、なお従前の例による。

---

## ◆解説

### 1　趣旨

　本条は、指図債権（指図証券）を目的とする質権の対抗要件に関する旧法365条の経過措置を定めている。

### 2　内容

**（1）　指図債権を目的とする質権の対抗要件に関する改正内容**　　旧法365条は、指図債権（指図証券）を目的とする質権の対抗要件について、「指図債権を質権の目的としたときは、その証書に質権の設定の裏書をしなければ、これをもって第三者に対抗することができない」と規定していたが、債権法改正で削除された。これに対し、新設された新法520条の2は、「指図証券の譲渡は、その証券に譲渡の裏書をして譲受人に交付しなければ、その効力を生じない」と規定している。さらに、新法520条の7は、この新法520条の2の規定を、指図証券を目的とする質権の設定について準用することで、旧法365条と実質的に同じ内容を定めている。

　これらは、旧法および旧商法等に分散していた規定を、有価証券に関する規定として整理統合する改正によるものである。このことは、「旧法等にあった関連規定をいったん全て削除した上で、その実質的な内容について一部は修正・追加をしつつも、基本的にはこれを維持し、一体的な有価証券に関する規定を民法中に新設している（新法3編1章7節）」と説明された（一問一答210頁）。

**（2）　指図債権を目的とする質権の対抗要件**　　本条は、「施行日前に生じた

旧法第365条に規定する指図債権（その原因である法律行為が施行日前にされたものを含む。）」については、なお従前の例によると規定している。これは、既存の（旧法による）法律関係に対する当事者の信頼を保護するため、これまでに扱っていたのと同じように扱うという意味であり、施行日より前に生じた旧法365条に規定する指図債権（その原因である法律行為が施行日より前にされたものを含む）については、新法520条の2は適用されない。

その趣旨は、一般に、取引の当事者等は、法律行為をした時点において適用している法令の規定がその意思表示について適用されると考えるのが通常であるところ、施行日より前に生じた旧法365条に規定する指図債権（その原因である法律行為が施行日より前にされたものを含む）に対して法令が適用された結果として形成される権利関係等についての当事者の予測を害さないためには、施行日以後にされた法律行為に対してのみ新法を適用することが適切という点にある。

本条の概要を表にすると、以下のとおり。

|  | 経過措置の基準となる事実 | 適用される法律の規定 |
|---|---|---|
| 旧法 | 指図債権が生じたのが令和2年4月1日前（その原因である法律行為が令和2年4月1日前にされたものを含む） | 365条 |
| 新法 | 指図債権が生じたのが令和2年4月1日以後（その原因である法律行為が令和2年4月1日前にされたものを除く） | 520条の2、520条の7 |

### 3 実務への影響

指図債権を目的とする質権の対抗要件に関する改正は、基本的に実質的変更ではない（規定を整理統合したものである）から、実務に対する影響はないと思われる。ただし、時期によって根拠条文が異なるため、経過措置について理解する必要はある。

**（根抵当権に関する経過措置）**
**第13条**
**1　施行日前に設定契約が締結された根抵当権の被担保債権の範囲につい**

> ては、新法第398条の2第3項及び第398条の3第2項の規定にかかわら
> ず、なお従前の例による。
> 2　新法第398条の7第3項の規定は、施行日前に締結された債務の引受
> けに関する契約については、適用しない。
> 3　施行日前に締結された更改の契約に係る根抵当権の移転については、
> 新法第398条の7第4項の規定にかかわらず、なお従前の例による。

## ◆解説

### 1　趣旨

　本条1項は、根抵当権に関する新法398条の2第3項、および、根抵当権の被担保債権の範囲に関する新法398条の3第2項の経過措置を定めている。

　本条2項は、根抵当権の被担保債権の譲渡等（免責的債務引受）に関する新法398条の7第3項の経過措置を定めている。

　本条3項は、根抵当権の被担保債権の譲渡等（当事者の交替による更改）に関する新法398条の7第4項の経過措置を定めている。

### 2　内容

**（1）　根抵当権に関する経過措置①**　本条1項は、新法398条の2第3項および新法第398条の3第2項に関する経過措置として、「施行日前に設定契約が締結された根抵当権の被担保債権の範囲」については、なお従前の例によると規定している。

**(a)　根抵当権の被担保債権に関する改正内容**　新法398条の2第3項および新法398条の3第2項は、根抵当権の被担保債権に、「電子記録債権」すなわち「電子記録債権法（平成19年法律第102号）第2条第1項に規定する電子記録債権」が含まれることを明確にした。

**(b)　根抵当権の被担保債権に関する経過措置**　本条1項は、「施行日前に設定契約が締結された根抵当権の被担保債権の範囲」については、なお従前の例によると規定している。これは、既存の（旧法による）法律関係に対する当事者の信頼を保護するため、これまでに扱っていたのと同じように扱うという意味であり、施行日より前に設定契約が締結された根抵当権の被担保債権の範囲については、新法398条の2第3項および新法398条の3第2項は適用されない。

　その趣旨は、一般に、取引の当事者等は、法律行為をした時点において適用している法令の規定がその意思表示について適用されると考えるのが通常であるところ、根抵当権設定契約の当事者の予測を害さないためには、施行日以後に設定契約が締結された根抵当権の被担保債権の範囲についてのみ新法398条の２第３項および新法398条の３第２項を適用することが適切という点にある。

　本条１項の概要を表にすると、以下のとおり。

| | 経過措置の基準となる事実 | 適用される法律の規定 |
|---|---|---|
| 旧法 | 根抵当権の設定契約が締結されたのが令和２年４月１日前 | 398条の２第３項、398条の３第２項 |
| 新法 | 根抵当権の設定契約が締結されたのが令和２年４月１日以後 | 398条の２第３項、398条の３第２項 |

**（２）　根抵当権に関する経過措置②**　　本条２項は、新法398条の７第３項に関する経過措置として、「施行日前に締結された債務の引受けに関する契約」については、新法398条の７第３項を適用しないと規定している。

　**(a)　根抵当権の被担保債権の譲渡等（免責的債務引受）に関する改正内容**

　新法398条の７第３項は、根抵当権の「元本の確定前に免責的債務引受があった場合における債権者は、第472条の４第１項の規定にかかわらず、根抵当権を引受人が負担する債務に移すことができない」と規定している。これは、債務引受についての規律が新設され、新法472条の４第１項本文が、「債権者は、第472条第１項の規定により債務者が免れる債務の担保として設定された担保権を引受人が負担する債務に移すことができる」と規定するのを受けて、根抵当権に関する規律を追加したものである。

　**(b)　根抵当権の被担保債権に関する譲渡等（免責的債務引受）の経過措置**

　本条２項は、「施行日前に締結された債務の引受けに関する契約」については、新法398条の７第３項を適用しないと規定している。

　その趣旨は、一般に、取引の当事者等は、法律行為をした時点において適用している法令の規定がその意思表示について適用されると考えるのが通常であるところ、債務の引受けに関する契約の当事者の予測を害さないためには、施行日以後に締結された場合についてのみ新法398条の７第３項を適用することが適切という点にある。

本条2項の概要を表にすると、以下のとおり。

| | 経過措置の基準となる事実 | 適用される法律の規定 |
|---|---|---|
| 旧法 | 債務の引受けに関する契約を締結したのが令和2年4月1日前 | なし |
| 新法 | 債務の引受けに関する契約を締結したのが令和2年4月1日以後 | 398条の7第3項 |

**（3）　根抵当権に関する経過措置③**　　本条3項は、新法398条の7第4項に関する経過措置として、「施行日前に締結された更改の契約に係る根抵当権の移転」については、なお従前の例によると規定している。

　ⓐ　**根抵当権の被担保債権の譲渡等（当事者の交替による更改）に関する改正内容**　　新法398条の7第4項は、根抵当権の「元本の確定前に債権者の交替による更改があった場合における更改前の債権者は、第518条第1項の規定にかかわらず、根抵当権を更改後の債務に移すことができない。元本の確定前に債務者の交替による更改があった場合における債権者も、同様とする」と規定している。これは、旧法398条の7第3項の、「元本の確定前に債権者又は債務者の交替による更改があったときは、その当事者は、第518条の規定にかかわらず、根抵当権を更改後の債務に移すことができない」という表現のうち「その当事者」を「更改前の債権者」に改めることにより規律内容を明確化したものである。

　ⓑ　**根抵当権の被担保債権の譲渡等（当事者の交替による更改）に関する経過措置**　　本条3項は、「施行日前に締結された更改の契約に係る根抵当権の移転」については、なお従前の例によると規定している。これは、既存の（旧法による）法律関係に対する当事者の信頼を保護するため、これまでに扱っていたのと同じように扱うという意味であり、施行日より前に締結された更改の契約に係る根抵当権の移転については、新法398条の7第4項は適用されない。

　その趣旨は、一般に、取引の当事者等は、法律行為をした時点において適用している法令の規定がその意思表示について適用されると考えるのが通常であるところ、更改の契約の当事者の予測を害さないためには、施行日以後に締結された場合についてのみ新法398条の7第4項を適用することが適切という点にある。

　本条3項の概要を表にすると、次のとおり。

| | 経過措置の基準となる事実 | 適用される法律の規定 |
|---|---|---|
| 旧法 | 更改の契約を締結したのが令和 2 年 4 月 1 日前 | 398条の 7 第 3 項 |
| 新法 | 更改の契約を締結したのが令和 2 年 4 月 1 日以後 | 398条の 7 第 4 項 |

### 3　実務への影響

　根抵当権の被担保債権に関する改正は、基本的に実質的変更ではない（規定の表現等を明確にしたものである）から、実務に対する影響はないと思われる。ただし、時期によって根拠条文が異なるため、経過措置について理解する必要はある。

> **（債権の目的に関する経過措置・1）**
> **第14条**
> **施行日前に債権が生じた場合におけるその債務者の注意義務については、新法第400条の規定にかかわらず、なお従前の例による。**

## ◆解説

### 1　趣旨

　本条は、特定物の引渡しの場合の注意義務に関する新法400条の経過措置を定めている。

### 2　内容

　本条は、新法400条に関する経過措置として、「施行日前に債権が生じた場合」（附則10条 1 項により、「施行日以後に債権が生じた場合であって、その原因である法律行為が施行日前にされたときを含む」）におけるその債務者の注意義務について、なお従前の例によると規定している。

**（1）　特定物の引渡しの場合の注意義務に関する改正内容**　　新法400条は、特定物の引渡しの場合の注意義務について、「債権の目的が特定物の引渡しであるときは、債務者は、その引渡しをするまで、契約その他の債権の発生原因及び取引上の社会通念に照らして定まる善良な管理者の注意をもって、その物

を保存しなければならない」と規定している。これは、善管注意義務の内容や程度は、個々の取引関係における個別の事情を勘案して定まるものであるという実務を受けて、旧法400条に、「契約その他の債権の発生原因及び取引上の社会通念に照らして定まる」との文言を加えたものである（BA92～93頁、一問一答65～66頁）。

新法400条については、①「『新しい契約責任論』を象徴する論点はいくつもあるが、そのひとつが民法400条の善管注意義務である」（内田119頁）、②「これまで『契約』から離れて『客観的に定まる』とされてきた規範が、『契約』から導かれることを主張するのが『新しい契約責任論』である」（内田120頁）、③「『新しい契約責任論』は契約を中心に考えるという。しかし、森田修教授は伝統理論でも契約への配慮を十分していたと批判している。問題は、『新しい契約責任論』でいう『契約』とは何かである」（内田121頁）、④「『契約』が何を決めているかについて、『取引通念』を考慮して定まることを条文に書き込むことについては、部会ではコンセンサスが形成された。しかし、『取引通念』を入れることの意味について理解が一致していたとは限らない。むしろ同床異夢の側面があった。『新しい契約責任論』からは、取引通念を考慮するのも、当事者が何を合意したかを探るための手段としてである。……これに対して、『新しい契約責任論』に違和感を覚えた実務家の中には、『取引通念』を入れることで、当事者の合意の外にある『他律的な規範』の取り込みの余地を残したという理解もあったことは疑いない。なぜなら、条文案は、その後部会の外で実務家との調整が進行する中で、明確にその方向へと軌道が変化していったからである」（内田123～124頁）、⑤「中間試案の……パブコメ手続では、『善良な管理者の注意』という文言を削除することに対して反対意見が数多く寄せられたが、原案作成に大きな影響があったと考えられるのは、最高裁から、裁判所の相当数の反対意見が伝えられたことではないかと思われる」（内田124頁）、⑥「現行法が『実際に規範として機能している』という実務家の主張は、多くの論点で現れた。実務で機能しており、支障を生じていない規定を、理論的な理由で改正するのはおかしいという批判である。……単に既存のルールを守ろうとしたというより、善管注意義務という概念を排除しようとした思想自体が、実務に支持されなかったというべきである」（内田124～125頁）、⑦「契約と社会通念を並列にすることは、中間試案の検討の際に弁護士会から提案されていたが……裁判所のパブコメにも見られ、実務家の感覚に合致していたと

いうことであろう」(内田125頁)、⑧「最終段階で『当該』がとれたことは、個別合意に執着する表現を避け、より類型的に契約を捉える余地(例えば、売買契約一般を基準に考えるなど)に道を開いた。結局、保存義務の内容を決めるかなめとなるものが、当該当事者の合意(自己決定)であるという思想と、類型的な契約の性質や取引上の社会通念であるとする思想の違いが顕在化したといえる」(内田126頁)という指摘が重要である。

**(2) 特定物の引渡しの場合の注意義務に関する経過措置**　本条は、「施行日前に債権が生じた場合」(附則10条1項により、「施行日以後に債権が生じた場合であって、その原因である法律行為が施行日前にされたときを含む」)におけるその債務者の注意義務について、なお従前の例によると規定している。これは、既存の(旧法による)法律関係に対する当事者の信頼を保護するため、これまでに扱っていたのと同じように扱うという意味であり、施行日より前に債権が生じた場合におけるその債務者の注意義務については、新法400条は適用されない。

　その趣旨は、施行日より前に債権が生じた場合について新法を適用すると、当事者(債権者および債務者)の予測可能性を害する結果となるため、施行日以後に債権が生じた場合(かつ、その原因である法律行為が施行日以後にされた場合)についてのみ新法400条を適用することが適切という点にある。

　本条の概要を表にすると、以下のとおり。

| | 経過措置の基準となる事実 | 適用される法律の規定 |
|---|---|---|
| 旧法 | 債権が生じたのが令和2年4月1日前(その原因である法律行為が令和2年4月1日前にされたときを含む) | 400条 |
| 新法 | 債権が生じたのが令和2年4月1日以後(その原因である法律行為が令和2年4月1日前にされたときを除く) | 400条 |

## 3　実務への影響

　特定物の引渡しの場合の注意義務に関する改正は、基本的に実質的変更ではない(実務を受けて、規定の表現を明確にしたものである)ともいえるが、改正過程における論争が解釈を通じて実務に影響する可能性がある。そのため、新法が適用される時期について注意する必要がある。

§15

---

（債権の目的に関する経過措置・2）

第15条

1　施行日前に利息が生じた場合におけるその利息を生ずべき債権に係る法定利率については、新法第404条の規定にかかわらず、なお従前の例による。

2　新法第404条第4項の規定により法定利率に初めて変動があるまでの各期における同項の規定の適用については、同項中「この項の規定により法定利率に変動があった期のうち直近のもの（以下この項において「直近変動期」という。）」とあるのは「民法の一部を改正する法律（平成29年法律第44号）の施行後最初の期」と、「直近変動期における法定利率」とあるのは「年3パーセント」とする。

---

## ◆解説

### 1　趣旨

本条1項は、法定利率に関する新法404条の経過措置を定めている。

本条2項は、新法が施行されてから法定利率に初めて変動があるまでの期間においては、「直近変動期」が存在しないため、新法404条4項の要件について、読み替える内容を定めたものである。

### 2　内容

**（1）　法定利率に関する「緩やかな変動制」**　本条1項は、新法404条に関する経過措置として、「施行日前に利息が生じた場合」におけるその利息を生ずべき債権に係る法定利率については、なお従前の例によると規定している。

　**(a)　法定利率に関する改正内容**　新法404条は、法定利率について緩やかな変動制を定めている。この改正のポイントは、①3年を1期とした変動制を採用したこと、②当初の利率は年3％とし、当期の基準割合と直近変動期の基準割合（1％未満の端数があるときは切り捨て）に相当する割合に応じて加算あるいは減算すること、および、③基準割合は、過去5年間の各月における短期貸付けの平均利率の合計を60で除することにより計算して法務大臣が告示することにある（QA43〜45頁、一問一答78〜85頁）。具体的には、「市場金利の変動」等の論点で問題になる（BA98〜99頁）。

　これは、低金利状態が続いたため、法定利率を年5％で固定する旧法404条

に対して、近時の市中金利との乖離が大きいと批判されたことを受けた改正である。ただし、法定利率については安定性も必要であり、市中金利と連動して常時変動するとしたのでは債権管理等の事務処理負担が過大なものとなる。そこで、新法は、緩やかな変動制を採用した。すなわち、施行時の法定利率は、円滑な移行などの点を総合勘案して年３％とされた。そして、その見直しは３年ごとに行い、その際に基準割合の変動が１％を超えなければ法定利率は変動せず、変動するときは１％刻みとされる（新法404条３項・４項）。その指標となる変動割合は、短期的な市場金利の乱高下により法定利率が急変することを防止しつつ長期的な市況の変化に対応させるため、直近５年間の銀行の短期貸付けの平均利率から算定される（同条５項）。また、旧商法514条を削除することにより、民事・商事の法定利率を統一した。

　利息を生ずべき債権について別段の意思表示がないときは、その債権に係る利息の利率は、「その〔債権について〕利息が生じた最初の時点」における法定利率を用いる（新法404条１項）。

　(b)　**法定利率に関する経過措置**　　本条１項は、「施行日前に利息が生じた場合」におけるその利息を生ずべき債権に係る法定利率については、なお従前の例によると規定している。これは、既存の（旧法による）法律関係に対する当事者の信頼を保護するため、これまでに扱っていたのと同じように扱うという意味であり、施行日より前に利息が生じた場合におけるその利息を生ずべき債権に係る法定利率については、新法404条は適用されない。

　その趣旨は、施行日より前に利息が生じた債権について新法を適用すると、当事者（債権者および債務者）の予測可能性を害する結果となるため、施行日以後に初めて利息が生じた債権についてのみ新法400条を適用することが適切という点にある。

　この点については、一問一答379～380頁において、「これは、法定利率の変動時における基準時が『利息が生じた最初の時点』とされていること（新法第404条第１項）等を考慮したものである」という記載が参考になる。すなわち、新法では、ある債権の利息の算定に適用すべき法定利率が定まった後に、法定利率が変動したとしても、その債権の利息の算定に適用する利率が変動することはなく、いつ発生した利息であっても同じ利率が適用されるところ（一問一答86頁参照）、この法定利率を定める上での基準時を経過措置においても基準にすることが、簡明であり予測可能性に資するとの趣旨と思われる。なお、遅

延損害金の利率や中間利息控除の経過措置についても、同様の考慮がされている（一問一答380頁）。また、部会資料85・3頁においても、同様の指摘がされていた。

　本条1項の概要を表にすると、以下のとおり。

|  | 経過措置の基準となる事実 | 適用される法律の規定 |
|---|---|---|
| 旧法 | （その債権につき）利息が生じたのが令和2年4月1日前 | 404条、旧商法514条 |
| 新法 | （その債権につき初めて）利息が生じたのが令和2年4月1日以後 | 404条 |

**（2）「直近変動期」の読み替え**　　本条2項は、新法404条4項の規定により法定利率に初めて変動があるまでの各期における同項の規定の適用について、「直近変動期」を「民法の一部を改正する法律（平成29年法律第44号）の施行後最初の期」と、「直近変動期における法定利率」とあるのは「年3パーセント」とすることを規定している。

　これは、直近変動期がない期間について、読替規定を置いたものである。

### 3　実務への影響

　法定利率に関する改正は、従来の規律を変更するものであり、実務に大きく影響する。新法適用後は5％から3％に変更されることだけでなく、変動制を採用したことによって、適用される法定利率を判断すべく基準時を意識する必要が生じたことが重要である。そのため、適用条文に応じた経過措置の基準となる事実が生じた時期について注意する必要がある。

---

（債権の目的に関する経過措置・3）
第16条
施行日前に債権が生じた場合における選択債権の不能による特定については、新法第410条の規定にかかわらず、なお従前の例による。

---

## ◆解説

### 1　趣旨

　本条は、不能による選択債権の特定に関する新法410条の経過措置を定めている。

### 2　内容

　本条は、新法410条に関する経過措置として、「施行日前に債権が生じた場合」（附則10条１項により、「施行日以後に債権が生じた場合であって、その原因である法律行為が施行日前にされたときを含む」）における選択債権の不能による特定については、なお従前の例によると規定している。

**（1）　不能による選択債権の特定に関する改正内容**　新法410条は、不能による選択債権の特定について、複数個の給付の中に不能のものがある場合には、給付の不能が選択者の過失によるときに限り、残存する給付が当然に債権の目的となると規定している。これに対して、旧法410条２項は、「選択権を有しない当事者の過失によって給付が不能となったとき」についてのみ選択を認めていた。新法は、不能のものを選択する方が選択権者にとって有利な場合もあることから、いずれの当事者の過失にもよらないで給付が不能となった場合についても選択を認め、旧法の取扱いを変更したものである（BA96〜97頁、一問一答67頁）。

**（2）　不能による選択債権の特定に関する経過措置**　本条は、「施行日前に債権が生じた場合」（附則10条１項により、「施行日以後に債権が生じた場合であって、その原因である法律行為が施行日前にされたときを含む」）における選択債権の不能による特定については、なお従前の例によると規定している。これは、既存の（旧法による）法律関係に対する当事者の信頼を保護するため、これまでに扱っていたのと同じように扱うという意味であり、施行日より前に債権が生じた場合における選択債権の不能による特定については、新法410条は適用されない。

　その趣旨は、施行日より前に債権が生じた場合について新法を適用すると、当事者（債権者および債務者）の予測可能性を害する結果となるため、施行日以後に債権が生じた場合（かつ、その原因である法律行為が施行日以後にされた場合）についてのみ新法410条を適用することが適切という点にある。

　本条の概要を表にすると、次のとおり。

|  | 経過措置の基準となる事実 | 適用される法律の規定 |
|---|---|---|
| 旧法 | 債権が生じたのが令和2年4月1日前<br>（その原因である法律行為が令和2年4月1日前にされたときを含む） | 410条 |
| 新法 | 債権が生じたのが令和2年4月1日以後<br>（その原因である法律行為が令和2年4月1日前にされたときを除く） | 410条 |

## 3 実務への影響

　不能による選択債権の特定に関する改正は、従来の規律を変更するものであり、実務に影響する。そのため、適用条文に応じた経過措置の基準となる事実が生じた時期について注意する必要がある。

---

（債務不履行の責任等に関する経過措置）

第17条

1　施行日前に債務が生じた場合（施行日以後に債務が生じた場合であって、その原因である法律行為が施行日前にされたときを含む。附則第25条第1項において同じ。）におけるその債務不履行の責任等については、新法第412条第2項、第412条の2から第413条の2まで、第415条、第416条第2項、第418条及び第422条の2の規定にかかわらず、なお従前の例による。

2　新法第417条の2（新法第722条第1項において準用する場合を含む。）の規定は、施行日前に生じた将来において取得すべき利益又は負担すべき費用についての損害賠償請求権については、適用しない。

3　施行日前に債務者が遅滞の責任を負った場合における遅延損害金を生ずべき債権に係る法定利率については、新法第419条第1項の規定にかかわらず、なお従前の例による。

4　施行日前にされた旧法第420条第1項に規定する損害賠償の額の予定に係る合意及び旧法第421条に規定する金銭でないものを損害の賠償に充てるべき旨の予定に係る合意については、なお従前の例による。

---

## ◆解説

### 1　趣旨

　本条 1 項は、履行期と履行遅滞に関する新法412条 2 項、履行不能に関する新法412条の 2 から履行遅滞中または受領遅滞中の履行不能と帰責事由に関する新法413条の 2 まで、債務不履行による損害賠償に関する新法415条、損害賠償の範囲に関する新法416条 2 項、過失相殺に関する新法418条、および、代償請求権に関する新法422条の 2 の経過措置を定めている。

　本条 2 項は、中間利息の控除に関する新法417条の 2 （新法722条 1 項において準用する場合を含む）の経過措置を定めている。

　本条 3 項は、金銭債務の特則に関する新法419条 1 項の経過措置を定めている。

　本条 4 項は、賠償額の予定に関する旧法420条 1 項および旧法421条の経過措置を定めている。

### 2　内容

**（1）　債務不履行の責任等に関する経過措置①**　　本条 1 項は、新法412条 2 項、新法412条の 2 から新法413条の 2 まで、新法415条、新法416条 2 項、新法418条および新法422条の 2 に関する経過措置として、「施行日前に債務が生じた場合」（附則10条 1 項により、「施行日以後に債務が生じた場合であって、その原因である法律行為が施行日前にされたときを含む」）におけるその債務不履行の責任等については、なお従前の例によると規定している。

　この改正のポイントは、①債務不履行による損害賠償について、帰責事由概念を維持し、帰責事由の判断基準を明示したこと、②履行に代わる損害賠償の要件を明文化したことなどにある（QA48〜54頁、一問一答68〜77頁）。具体的には、「受領遅滞中の履行不能」、「履行請求権と履行不能」、「債務不履行を理由とする損害賠償と免責事由」、「履行補助者の行為と債務者の損害賠償責任」、「確定的履行拒絶と履行に代わる損害賠償」、「履行遅滞と履行に代わる損害賠償」、「合意解除と履行に代わる損害賠償」、「履行遅滞・受領遅滞中の履行不能」、「損害賠償の範囲と予見可能性」、「過失相殺」、「損害賠償額の予定」、「代償請求権」等の論点で問題になる（BA108〜131頁）。

　**(a)　履行遅滞に関する改正内容**　　新法412条は、履行遅滞について規定し、不確定期限のある債務（同条 2 項）も、期限の定めのない債務（同条 3 項）と

同様に、不確定期限到来後に履行請求を受けた場合にも履行遅滞に陥ることを、明文化した。

　なお、新法412条については、①「労災事故を想定して、被害者が即死した場合を考えたとき、不法行為構成と債務不履行構成がありうるわけです。不法行為構成をとると、中間利息控除も遅延損害金も事故時も、これで問題はないと思います。しかし、債務不履行構成をとると、中間利息控除については損害賠償請求権が生じた時点ですから、事故時の法定利率となりますが、遅延損害金については412条が適用されて催告があった時点の法定利率になります。そうすると、たまたま事故時と催告時で法定利率が変動している場合に、法律構成によって異なった利率になりうる事態が生じます。このような事態は条文上避け難いように思います」（実務課題27頁：中井康之発言）、②「遅延損害金について、もう少し待てば法定利率は上がるかもしれないから待とうという問題については、待つ間は遅延損害金が発生しませんので、バーター取引的なところがあり、容認できる余地があるのかなと思います」（実務課題28頁：中井康之発言）という指摘が重要である。

　(b)　**履行不能に関する改正内容**　　新法412条の2は、履行不能について規定しており、履行不能の効果として履行請求権が消滅すること（同条1項）を明文化し、また、原始的な履行不能があっても損害賠償請求権の発生は妨げられないこと（同条2項）を定めたものである。この条文の位置付けについては、「『債権の効力』の中に第412条の2として……規定された。これは、その不能概念が後発的不能だけではなく原始的不能を含み、したがって効果としては請求権の消滅のみならず請求権の不発生をも含む『請求権の限界』についての規定であるためであり、その明確性を高く評価することができる」（田中450頁）と指摘されている。

　なお、新法412条の2第1項の、「契約その他の債務の発生原因及び取引上の社会通念に照らして不能であるとき」という表現については、「当事者は契約時の取引上の社会通念を前提に合意をするということからしますと、契約内容の確定に当たっての手がかりであることは確かです。そのような契約内容確定のための考慮要素、手がかりにとどまるという考え方が一方にあり、他方で、『取引上の社会通念』という場合、契約締結時のそれだけではなく、不履行が生じた段階での取引上の社会通念も出てきます。そうすると、『契約の趣旨』とか、契約解釈ということで必ずしも取り込めなかった、契約時はそうでも、

現時点において、取引上の社会通念から見るとこうなのだというようなところが入ってくる可能性があります。その点で『及び』でつながるということに非常に意味があることになり、そして、それをどう評価するかという問題が出てくるかと思います」（実務課題58頁：沖野眞已発言）という指摘が重要である。

　また、新法412条の2第2項の、「契約に基づく債務の履行がその契約の成立の時に不能であったことは、第415条の規定によりその履行の不能によって生じた損害の賠償を請求することを妨げない」という表現については、①「〈原始的不能な給付を目的とする契約は無効とされる〉という、従来の判例・通例が採用してきた立場は、『原始的不能ドグマ』と呼ばれ、具体的には『契約締結上の過失』および『売主の瑕疵担保責任』に関する解釈論において、不適切な桎梏として長い間批判の対象とされてきた。この批判の立法論的表現……であり、今次改正の重要な成果の一つといえよう。……しかし、出来上がったこの条文の文理は、いささか奇妙である。そこには〈契約は原始的不能の給付を目的とするものであっても有効である〉とすることの端的な表現は与えられておらず、損害賠償という効果のみを取り上げ、有効な債権の存在を前提とした債務不履行に基づく損害賠償の規定である415条の準用を示すのみだからである」、「412条の2第2項の最終法文案が、第96回審議というほぼ法制審審議も終了の間際になって、専ら事務局主導で突如持ち出され、簡単な議論でそれまでのコンセンサスのあった……提案を変更したという……経緯は、一つの事件といえなくもない」（森田修『「原始的不能ドグマの克服」と新債権法』民法学Ⅲ35〜36頁）、②「法制審での議論および事務局の説明に照らせば、新規定は中間試案と文理を異にするのみであって、合意依存説は維持されており、有効な契約責任の『最も代表的な法的効果として』415条に基づく損害賠償を示すこととしたに過ぎないとされる。しかし、文理のみを見れば、新規定は、一律無効説を維持し、ただ原始的不能給付を目的とする契約の債務者の責任について415条の準用があることを示したのみとする見方も排除されない。そのような不安定な文理が何故採用されたのかは問題である」（森田176頁）という指摘が重要である。

　(c)　**受領遅滞に関する改正内容**　　新法413条は、受領遅滞について規定しており、旧法413条と比べると、受領遅滞の効果を具体的に明文化したことに特徴がある。

　(d)　**履行遅滞中または受領遅滞中の履行不能と帰責事由に関する改正内容**

　新法413条の２は、履行遅滞中または受領遅滞中の履行不能と帰責事由について、判例法理等を明文化したものである。

　⒠　**債務不履行による損害賠償に関する改正内容**　　新法415条は、債務不履行による損害賠償について規定する。

　債務不履行時の帰責事由の要否や位置付けについては、従来から、これを債務者の故意・過失または信義則上これと同視すべき事由という見解があり、これに対して、過失責任主義は行動の自由を前提としているから、債務の負担により行動の自由に制約を受ける契約関係に持ち込むべきではないという批判があった。今回の改正では、債務者が債務の本旨に従った履行をしない場合に債務不履行が成立するとした上で、債務者の免責について、「契約その他の債務の発生原因及び取引上の社会通念に照らして債務者の責めに帰することができない事由」によることが明文化された（新法415条１項ただし書）。また、債務の履行に代わる損害賠償（塡補賠償）の請求ができる場合が規定され、「債務者がその債務の履行を拒絶する意思を明確に表示したとき」にも解除をせずに損害賠償請求できることが明らかにされた（同条２項２号）。

　新法415条については、①「１項ただし書で、その債務の不履行が『契約その他の債務の発生原因及び取引上の社会通念に照らして、債務者の責めに帰することができない事由によるものであるとき』は、損害賠償債務は発生しないと定めました。今回の債権法の改正作業における最初の大きな対立点が、この箇所の表現だったと思います。最終的には今述べたような表現に落ち着いて、弁護士的には従来の実務運用とあまり変わりないかと安心しております」（実務課題62〜63頁：岡正晶発言）、②「中間試案において……『当該契約の趣旨に照らして定まる』とは、当該契約の性質、契約をした目的、契約締結に至る経緯その他の事情に基づき、取引通念を考慮して定まるという意味で捉えられていた。『取引上の社会通念』という表現を用いることは、契約内容の確定について……不要であるばかりか、かえって、契約規範の内容が契約を離れて確定されうるという誤ったメッセージを発することとなるとの危惧を抱く。この概念が条文に採用された背景を踏まえ、『取引上の社会通念』という文言が独り歩きをすることのないように、民法415条１項ただし書の解釈をおこなっていくほかない」（潮見Ⅰ380頁）、③「法務省民事局長は、参議院法務員会の質疑において、『改正法案は債務不履行による損害賠償責任について学理的な争いに立ち入らないこととし、従来に通説的見解からは過失責任主義の表れとされて

いる債務者の帰責事由という要件をそのまま維持しておりますほか、現在の実務上の取扱いに従って帰責事由の有無を判断する際の考慮事情を明確化するもの』と答弁している。立案担当者の見解をどの程度重視するかはそれ自体一個の問題であり、解釈論として成り立つものである以上、別の解釈論は許容されなければならない。しかし、そのことを留保してもなお上記の答弁は、伝統的な債務不履行＝過失責任説をサポートすることは間違いないであろう。……以上の検討によれば、契約責任説＝無過失責任説は、むろん解釈論として成り立ち得るものである。しかし、改正法415条1項の解釈論として、契約責任説＝無過失責任説よりも債務不履行＝過失責任説の方が相当と解する立場にも相応の理由がある（私見は、いずれかといえば同説に傾く）。いずれにしても、なお、具体的ケースを想定しつつ、自説の優位性を論証する議論が交わされることが必要であろう」（加藤新太郎「改正債権法と裁判実務」民法学Ⅰ219〜220頁）、④「問題は、このように無造作に再導入された『本旨不履行』要件が……『債務者の責めに帰することのできない事由』といかなる関係に立つかである」（森田197頁）、⑤「森田……は、帰責事由との関連で、415条でいったん消えていた『債務の本旨』という表現が部会の第90回会議で『無造作に再導入された』と指摘する。しかし、部会の議事録からはそのように見えたとしても、民法の法文の表現が『無造作』に選択されることはあり得ない。背後には緊迫した攻防が隠されており、いずれその経緯が語られる時がくるだろう」（内田138頁）という指摘が重要である。

　(f)　**損害賠償の範囲に関する改正内容**　　新法416条2項は、損害賠償の範囲のうち特別の事情によって生じた損害（特別損害）について規定する。旧法416条2項では、特別損害が賠償対象となるのは当事者がその事情を「予見し、又は予見することができたとき」とされていたが、新法416条2項では「予見すべきであったとき」とされた。

　(g)　**過失相殺に関する改正内容**　　新法418条は、過失相殺について規定しており、債務の不履行に関して債権者に過失があった場合のみならず、「これによる損害の発生若しくは拡大に関して」債権者に過失があった場合も、過失相殺の対象となることが明文化された。

　(h)　**代償請求権に関する改正内容**　　新法422条の2は、代償請求権について規定しており、従来は判例法理のみであった代償請求権を明文化したものである。

　この点については、①「代償請求権が改正法422条の２で明文化されました。
これは、債務者が履行できないときに、債務者が代わりに権利もしくは利益を
取得したときに、債権者がその権利ないし利益に対し代償として請求できる権
利ですが、実は要件もはっきりせず、例えば債務者に帰責事由が要るのか要ら
ないのか、また権利の行使方法もよくわからない。給付請求なのか形成権的に
移転するのか。

　このように要件も効果も行使方法も必ずしも明確ではないけれども、代償請
求権という１箇条を設けることに合意した。こういう民法改正の在り方は評価
してよいのではないか。つまり、代償請求権があると一般的に言われていまし
たが、この条文を置くことによって、今後、その要件効果等の議論が進化し、
判例も生まれる契機になる。そういう議論の場を作ることができたと思いま
す」（実務課題364頁：中井康之発言）と指摘されており、今後の解釈に委ねられ
ている部分が多い。実際の解釈においては、②「基本的な解釈姿勢としては、
新規定の必要性に疑問が呈される中での立法であったことから、謙抑的である
ことが望ましい。つまり疑わしい場合には、一方で適用範囲を狭くするために
要件をなるべく厳格に解釈し、他方でその効力を控え目にするために効果をな
るべく小さく解釈することによって、新規定立法の影響を抑えるべきである」
（田中452〜453頁）という指摘にも留意すべきである。

　(i)　上記(a)〜(h)に関する経過措置　　本条１項は、「施行日前に債務が生じ
た場合（施行日以後に債務が生じた場合であって、その原因である法律行為が施行
日前にされたときを含む。附則第25条第１項において同じ。）」におけるその債務不
履行の責任等については、なお従前の例によると規定している。これは、既存
の（旧法による）法律関係に対する当事者の信頼を保護するため、これまでに
扱っていたのと同じように扱うという意味であり、施行日より前に債務が生じ
た場合（施行日以後に債務が生じた場合であって、その原因である法律行為が施行
日より前にされたときを含む）におけるその債務不履行の責任等については、新
法412条２項、新法412条の２から新法413条の２まで、新法415条、新法416条
２項、新法418条および新法422条の２は適用されない。

　その趣旨は、施行日より前に債務が生じた場合について新法を適用すると、
当事者（債権者および債務者）の予測可能性を害する結果となるため、施行日
以後に債務が生じた場合（かつ、その原因である法律行為が施行日以後にされた場
合）についてのみ新法412条２項、新法412条の２から新法413条の２まで、新

法415条、新法416条2項、新法418条および新法422条の2を適用することが適切という点にある。なお、本条1項が、「施行日前に債務が生じた場合」には「施行日以後に債務が生じた場合であって、その原因である法律行為が施行日前にされたときを含む」と定めたことは、「附則第25条第1項において同じ」とされており、附則25条1項の弁済に関する経過措置にも影響することに留意する必要がある。

本条が、債務不履行時ではなく、債務が生じた時を基準としていることについては、「契約から生じる債務の不履行責任の経過措置にふれておこう。『債務不履行を理由とする損害賠償請求権や契約解除による原状回復請求権は、契約がその発生原因ではなく、民法の関係条文で規定された法律効果であるとされている』とすれば、新法施行前に締結された契約に基づく債務について、新法施行後にその不履行による損害賠償債務が生じた場合、この損害賠償責任に関しては、——新法施行後に生じた債権（債務）だから——新法が適用されることになりそうである。不法行為責任の経過措置——仮にルールが改正され、経過措置が講じられるとするなら不法行為時が基準になるだろうから——と同様の帰結となろう。しかし、同附則第17条第1項によれば、新法施行前に締結された契約から生じた債務については、その不履行による損害賠償債務の発生が新法施行後であっても、旧法が適用される（不法行為責任に関する経過措置とは異なる）。

立法担当者は、この理由も、当事者の予測可能性の担保から説明するのだろう。しかし、別の見方も可能である。すなわち、債務不履行責任の有無の判断が、債務発生原因と切り離されて債権総則レベルで抽象的に行われるのではなく、債務の発生原因と統合されて——ここでは——契約から生じる債務の不履行として債権各則レベルで具体的に行われる（これが改正法の——そして改正前の民法の？——基本的立場だと考えられる）とすれば、この判断の構造が、契約の成立要件・有効要件の判断に際して適用される法と、債務不履行責任の有無の判断に際して適用される法とを同一の法とするこの経過措置によって確認されているとまではいえないにせよ、債務不履行責任の判断構造理解と経過措置規定とが矛盾しないということはできるのではないか」（小粥太郎「改正債権法の経過措置」民法学Ⅰ92～93頁）と指摘されている。

本条1項の概要を表にすると、次のとおり。

| | 経過措置の基準となる事実 | 適用される法律の規定 |
|---|---|---|
| 旧法 | 債務が生じたのが令和2年4月1日前（その原因である法律行為が令和2年4月1日前にされたときを含む） | 412条2項、413条、415条、416条2項、418条 |
| 新法 | 債務が生じたのが令和2年4月1日以後（その原因である法律行為が令和2年4月1日前にされたときを除く） | 412条2項、412条の2〜413条の2、415条、416条2項、418条、422条の2 |

**（2）　債務不履行の責任等に関する経過措置②**　　本条2項は、新法417条の2（新法722条1項において準用する場合を含む）に関する経過措置として、「施行日前に生じた将来において取得すべき利益又は負担すべき費用についての損害賠償請求権」については、新法417条の2を適用しないと規定している。

　(a)　**中間利息控除に関する改正内容**　　新法417条の2は、中間利息の控除について規定する。この改正のポイントは、①法定利率における変動制の採用に対応すること、②将来において取得すべき利益について規律すること、および、③将来において負担すべき費用について規律することにある（QA46頁、一問一答87〜89頁）。具体的には、「後遺障害の場合の中間利息控除」等の論点で問題になる（BA102〜103頁）。

　中間利息控除において控除される利率については、**判例2**が法的安定および統一的処理の要請などの見地から法定利率を用いるべきとしたことにより、実務上も法定利率が広く用いられてきた。新法も中間利息控除について法定利率を用いることとしたが、法定利率について緩やかな変動制が採用されたこと（新法404条。同条の改正内容については、⇨§15）を受けて、適用される法定利率の基準時について「その損害賠償の請求権が生じた時点」と規定した（新法417条の2）。

　新法417条の2は、不法行為による損害賠償について準用される（新法722条1項）。不法行為については、**判例1**によって損害賠償請求権は不法行為時に発生し、同時に遅滞に陥るとされているため、事故発生時の法定利率が適用される。後遺障害による逸失利益算定の場合においても、中間利息控除に用いる利率の基準時は損害賠償請求権発生の時、すなわち事故時とされる（部会資料78B・7頁）。

　新法施行当初の法定利率が年5％から年3％に引き下げられることにより、交通事故等における損害賠償額の算定に大きな影響を及ぼすことが予想される。

この点については、「方向性として２つあるかもしれません。１つは定額化ですね。もう１つは、ちょっと逆の方向に行くかもしれませんが、後遺障害などの場合に、定期金で賠償する方法の検討でしょうか。いずれの場合も、中間利息の控除の利率については考える必要がなくなります」（実務課題32頁：能見善久発言）という指摘が重要である。

　(b)　中間利息控除に関する経過措置　　本条２項は、「施行日前に生じた将来において取得すべき利益又は負担すべき費用についての損害賠償請求権」については、新法417条の２を適用しないと規定している。

　その趣旨は、施行日より前に生じた損害賠償請求権について新法を適用すると、当事者（債権者および債務者）の予測可能性を害する結果となるため、施行日以後に生じた損害賠償請求権についてのみ新法417条の２（新法722条１項において準用する場合を含む）を適用することが適切という点にある。

　一問一答380頁は、「中間利息の控除について定める新法417条の２（新法722条１項において準用する場合を含む。）の経過措置は、中間利息の控除の対象となる損害賠償請求権が生じた時点を新法適用の基準時とし、施行日前に損害賠償請求権が生じた場合には、その遅延損害金を生ずべき債権には旧法（年５％）を適用している（附則17条２項）。そのため、例えば、施行日前に雇用契約が締結され、施行日以後に使用者に対する安全配慮義務違反による労働災害が発生した場合において、労働者の使用者に対する債務不履行に基づく損害賠償請求権について中間利息の控除をするときは、新法の規定が適用される」と指摘している。なお、基準時との関係については、「附則17条２項を見ますと、改正法417条の２の規定は、施行日前に生じた損害賠償請求権については適用しないと書いてあります。417条の２が適用されないとすると、現在の判例がどの時点の法定利率を使って中間利息を控除しているのかが問題となります。現行法のもとでは、どの時点をとっても５％なので、あまり意識されていませんが、事故時の法定利率を使っているという理解と、症状固定時の法定利率を使っているという理解の両方が可能なのではないかと思います。仮に、症状固定時の法定利率を使って中間利息を控除しているのだとすると、施行前に生じた事故であっても、症状固定の時期が施行後であれば、そのときの３％を基準にして中間利息を控除するという考え方ができないわけではないと思うのです」（実務課題30頁：能見善久発言）という指摘にも留意すべきである。

　本条２項の概要を表にすると、次のとおり。

|  | 経過措置の基準となる事実 | 適用される法律の規定 |
|---|---|---|
| 旧法 | 将来において取得すべき利益または負担すべき費用についての損害賠償請求権が生じたのが令和2年4月1日前 | なし |
| 新法 | 将来において取得すべき利益または負担すべき費用についての損害賠償請求権が生じたのが令和2年4月1日以後 | 417条の2 |

**（3） 債務不履行の責任等に関する経過措置③**　　本条3項は、新法419条1項に関する経過措置として、「施行日前に債務者が遅滞の責任を負った場合における遅延損害金を生ずべき債権に係る法定利率」については、なお従前の例によると規定している。

　**⒜　金銭債務の特則に関する改正内容**　　新法419条1項は、金銭の給付を目的とする債務の不履行による損害賠償額（遅延損害金）について、「債務者が遅滞の責任を負った最初の時点」における法定利率によることを規定する。

　この改正のポイントは、法定利率における変動制の採用に対応することにある（一問一答86頁）。具体的には、「利率の固定の基準時」等の論点が問題になる（BA100〜101頁）。

　**⒝　金銭債務の特則に関する経過措置**　　本条3項は、「施行日前に債務者が遅滞の責任を負った場合における遅延損害金を生ずべき債権に係る法定利率」については、なお従前の例によると規定している。これは、既存の（旧法による）法律関係に対する当事者の信頼を保護するため、これまでに扱っていたのと同じように扱うという意味であり、施行日より前に債務者が遅滞の責任を負った場合における遅延損害金を生ずべき債権に係る法定利率については、新法419条1項は適用されない。

　その趣旨は、施行日より前に債務者が遅滞の責任を負っていた場合について新法を適用すると、当事者（債権者および債務者）の予測可能性を害する結果となるため、施行日以後に初めて債務者が遅滞の責任を負った場合についてのみ新法419条1項を適用することが適切という点にある。

　一問一答379〜380頁は、「法定利率に関する経過措置については、施行日前に利息が生じた場合にはその利息を生ずべき債権（元本債権）については旧法（年5％）を適用している。これは、法定利率の変動時における基準時が『利息が生じた最初の時点』とされていること（新法404条1項）等を考慮したもの

**86　各　　論**

である。また、同様の配慮から、金銭債務の債務不履行における損害賠償額を
めぐる新法419条１項の経過措置も、遅滞の責任を負った時点を新法適用の基
準時とし、施行日前に遅滞の責任を負った場合には、その遅延損害金を生ずべ
き債権には旧法（年５％）を適用している（附則17条３項）」と指摘している。

　本条３項の概要を表にすると、以下のとおり。

| | 経過措置の基準となる事実 | 適用される法律の規定 |
|---|---|---|
| 旧法 | 債務者が遅滞の責任を（最初に）負ったのが令和２年４月１日前 | 419条１項 |
| 新法 | 債務者が遅滞の責任を（最初に）負ったのが令和２年４月１日以後 | 419条１項 |

**（4）　債務不履行の責任等に関する経過措置④**　　本条４項は、旧法420条１
項および旧法421条の経過措置として、「施行日前にされた旧法第420条第１項
に規定する損害賠償の額の予定に係る合意及び旧法第421条に規定する金銭で
ないものを損害の賠償に充てるべき旨の予定に係る合意」については、なお従
前の例によると規定している。

　**(a)　賠償額の予定に関する改正内容**　　旧法420条１項後段は、賠償額の予
定について、「裁判所は、その額を増減することができない」と規定していた
が、新法はこれを削除した。公序良俗違反（旧法90条）等を理由として増減す
べき場合もあることによる（一問一答70頁、BA128〜129頁）。

　**(b)　賠償額の予定に関する経過措置**　　本条４項は、「施行日前にされた旧
法第420条第１項に規定する損害賠償の額の予定に係る合意及び旧法第421条に
規定する金銭でないものを損害の賠償に充てるべき旨の予定に係る合意」につ
いては、なお従前の例によると規定している。これは、既存の（旧法による）
法律関係に対する当事者の信頼を保護するため、これまでに扱っていたのと同
じように扱うという意味であり、施行日より前にされた損害賠償の額の予定に
係る合意等については、新法420条１項は適用されない。

　その趣旨は、一般に、取引の当事者等は、意思表示をした時点において適用
している法令の規定がその意思表示について適用されると考えるのが通常であ
るところ、損害賠償の額の予定に係る合意等に関する契約の当事者の予測を害
さないためには、施行日以後に締結された場合についてのみ新法420条１項を
適用することが適切という点にある。

本条4項の概要を表にすると、以下のとおり。

| | 経過措置の基準となる事実 | 適用される法律の規定 |
|---|---|---|
| 旧法 | 損害賠償額の予定等について合意をしたのが令和2年4月1日前 | 420条1項、421条 |
| 新法 | 損害賠償額の予定等について合意をしたのが令和2年4月1日以後 | 420条1項、421条 |

### 3　実務への影響

　債務不履行の責任等に関する改正は、従来の規律を変更するものであり、実務に影響する。そのため、適用条文に応じた経過措置の基準となる事実が生じた時期について注意する必要がある。


【参考判例等】
1　**最高裁昭和37年9月4日判決・民集16巻9号1834頁**
　　損害賠償請求権は不法行為時に発生し、同時に遅滞に陥るとされる。
2　**最高裁平成17年6月14日判決・民集59巻5号983頁**
　　実際の金利が近時は低い状況にあることや原審のいう実質金利の動向からすれば、被害者の将来の逸失利益を現在価額に換算するために控除すべき中間利息の割合は民事法定利率である年5％より引き下げるべきであるとの主張も理解できないではない。しかし、将来の逸失利益を現在価額に換算するについても、法的安定および統一的処理が必要とされるのであるから、民法は、民事法定利率により中間利息を控除することを予定しているものと考えられる。このように考えることによって、事案ごとに、また、裁判官ごとに中間利息の控除割合についての判断が区々に分かれることを防ぎ、被害者相互間の公平の確保、損害額の予測可能性による紛争の予防も図ることができる。


---

（債権者代位権に関する経過措置）
第18条
1　施行日前に旧法第423条第1項に規定する債務者に属する権利が生じた場合におけるその権利に係る債権者代位権については、なお従前の例による。

> **2　新法第423条の7の規定は、施行日前に生じた同条に規定する譲渡人が第三者に対して有する権利については、適用しない。**

## ◆解説

### 1　趣旨

本条1項は、債権者代位権に関する経過措置の原則を定めている。

本条2項は、登記または登録の請求権を保全するための債権者代位権に関する新法423条の7の経過措置を定めている。

### 2　内容

**（1）　債権者代位権に関する経過措置①**　本条1項は、債権者代位権に関する経過措置として、「施行日前に旧法第423条第1項に規定する債務者に属する権利が生じた場合」におけるその権利に係る債権者代位権については、なお従前の例によると規定している。

債権者代位権については、旧法423条、新法423条から新法423条の7までが規定している。このうち、新法423条の7の経過措置については本条2項が定めている。

**（a）　債権者代位権の主な改正内容**　債権者代位権の改正のポイントは、①裁判上の代位の制度を廃止したほかは、代位要件を基本的に維持したこと、②従前の判例法理である被代位権利に関する債務者の処分制限の効力を否定したこと（裁判外における代位権行使の実務に与える影響は限定的であるが、債権者代位訴訟への債務者の参加形態に影響あり）、③債権者代位訴訟における債務者への訴訟告知義務を新設したこと、および、④その他代位行使の方法について従前の判例法理を明文化したことにある（QA55〜61頁、一問一答90〜95頁）。具体的には、「債権者代位権における被保全債権」、「代位権行使の範囲」、「債権者の直接請求権」、「裁判外の代位権行使等と債務者の処分権限等」、「直接請求の代位訴訟と債務者の処分権限」等の論点が問題になる（BA156〜165頁）。

債権者代位権については、①「改正法423条の5では、債権者代位権を行使しても、債務者は被代位権利の行使ができることになりました。従来の判例では制限されていたわけですが、それが変わったことで、実務的な使い方に相当大きな影響を及ぼすであろうと思います」（実務課題7〜8頁：中井康之発言）、②「形の上では直接の権利行使を認め、相殺処理も認めることで、事実上の優

先弁済を可能とするものだから、必要な範囲で代位権行使すれば良いという趣旨ですね。ただその前提として、そもそも代位権行使がどこまで現実性があるかを考えるべきで、権利行使を債務者ができるという点で歯止めがかかっています」（実務課題108頁：高須順一発言）、③「民訴法40条1項の規律を前提とした場合には、和解自体は一般的に不利な行為と捉えられて単独ではできない。したがって、代位債権者はそれを阻止することができる。これがおそらく、従来の40条の素直な理解となるのだろうと思います。ただ、この場合は実体法の規律として、『債務者は管理処分権を失わない』ということで、……実体的に本来債務者ができることを訴訟法上の理由でできなくする、債権者にそれを止める権限を認める根拠はどこにあるのかが問題になるように思います」（実務課題117頁：山本和彦発言）、④「審理に関与した者としての個人的反省も含めて、訴訟告知という構成が必然であったのかという点は、再度問われるに値する問題であると思われる。すなわち、単に判決効が及ぶ者に対して訴訟係属を知らせ、訴訟参加等の機会を与えるだけであれば、他の方法もあり得たのではないかという問題意識である。例えば、人訴法28条の（検察官当事者の場合の相続人に対する）訴訟係属の通知といった構成も十分に考えられたところであるが、今回の制度は何故に訴訟告知でなければならなかったのかという問題である。この点の問いは『訴訟告知は誰のためにあるか』という、民訴理論上の問題に帰着する。すなわち、訴訟告知は告知者のための制度か、被告知者のための制度かという問題である。前者の考え方は、訴訟告知によって告知者は被告知者に参加し、手続を援助することを求めること（援軍要請）に加え、自己が敗訴した場合に参加的効力を及ぼすことを制度目的と理解する。他方、後者の考え方は、訴訟告知によって被告知者に攻撃防御の機会（手続保障）を与えることを制度目的と理解する。近時の教科書等は、この両者を制度目的とする考え方が一般的である。しかし、民事訴訟法上の訴訟告知の本来の制度目的は、やはり前者と考えられる。すなわち、援軍要請を中核的目的とし、付随的には参加的効力も目的とする一方、被告知者に手続保障を与える機能を持つ場合があるが、それは目的ではないと解される。なぜなら、後者を制度目的とするならば、訴訟告知は義務化しなければ意味がないはずであり、それを告知者の権利としている現行法と整合しないことは明らかだからである。その意味で、今回の制度は（株主代表訴訟の場合も含め）、やや異質な目的を有する制度を『訴訟告知』という同じ名前で導入しているものと理解される」（山本和彦「債権者代位

**90　各　論**

権」民法学Ⅱ132〜133頁）という指摘が重要である。

　(b)　**債権者代位権の原則的な経過措置**　　本条１項は、「施行日前に旧法第423条第１項に規定する債務者に属する権利が生じた場合」におけるその権利に係る債権者代位権については、なお従前の例によると規定している。これは、既存の（旧法による）法律関係に対する当事者の信頼を保護するため、これまでに扱っていたのと同じように扱うという意味であり、施行日より前に債務者に属する権利が生じた場合におけるその権利に係る債権者代位権については、新法423条から新法423条の６までの規定は適用されない。

　その趣旨は、代位権行使の対象である債務者に属する権利（被代位権利）が生じた時点を基準として新法の適用の有無を画すれば規律は簡明となり、債務者および第三債務者の予見可能性という見地からも妥当であるという点にある。代位権を行使する債権者の予測可能性という観点からは、施行日以後に被保全債権が生じた場合におけるその代位債権者について新法を適用することも考えられなくはないが、代位債権者が複数存在する場合に代位債権者ごとに新法が適用されたり適用されなかったりすると、債務者および第三債務者の予測を著しく害する結果となるため、その方法は採用されなかった。

　一問一答382頁は、詐害行為取消権に関する記述（附則19条参照）に続けて、「これと同様の問題意識から、債権者代位権に関する経過措置については、被代位権利の発生時点を新法適用の基準時とすることとし、施行日前に被代位権利が生じた場合については旧法を適用している（附則18条１項）」と指摘している。また、部会資料85・３頁は、詐害行為取消権に関する記述（附則19条参照）に続けて、「これと同様の観点から、債権者代位権についても、施行日以後に被代位権利が生じた場合について改正後の民法の規定を適用し、施行日前に被代位権利が生じた場合についてはなお従前の例によるとする考え方があり得る」と指摘していた。

　本条１項の概要を表にすると、以下のとおり。

| | 経過措置の基準となる事実 | 適用される法律の規定 |
|---|---|---|
| 旧法 | 債務者に属する権利が生じたのが令和2年4月1日前 | 423条 |
| 新法 | 債務者に属する権利が生じたのが令和2年4月1日以後 | 423条〜423条の6 |

（2）　債権者代位権に関する経過措置②　　本条2項は、新法423条の7に関する経過措置として、「施行日前に生じた同条に規定する譲渡人が第三者に対して有する権利」について、同条を適用しないと規定している。

　(a)　登記・登録請求権保全のための債権者代位権に関する改正内容　　新法423条の7は、「登記手続又は登録手続をすべきことを請求する権利」を保全するための債権者代位権について規定する。

　この改正のポイントは、①登記・登録請求権を保全するための代位要件が明文化されたこと、および、②転用型代位権の一般要件の明文化は見送られたことにある（QA62〜63頁、BA166〜167頁、一問一答96〜97頁）。

　(b)　登記・登録請求権保全のための債権者代位権に関する経過措置　　本条2項は、「施行日前に生じた」譲渡人が第三者に対して有する権利について、新法423条の7を適用しないと規定している。

　その趣旨は、施行日より前に権利が生じた場合について新法を適用すると、当事者（譲渡人および第三者）の予測可能性を害する結果となるという点にある。

　本条2項の概要を表にすると、以下のとおり。

|  | 経過措置の基準となる事実 | 適用される法律の規定 |
|---|---|---|
| 旧法 | 譲渡人の第三者に対する登記請求権等が生じたのが令和2年4月1日前 | 423条 |
| 新法 | 譲渡人の第三者に対する登記請求権等が生じたのが令和2年4月1日以後 | 423条の7 |

## 3　実務への影響

　債権者代位権に関する改正は、従来の規律を変更するものであり、実務に影響する。そのため、適用条文に応じた経過措置の基準となる事実が生じた時期について注意する必要がある。

---

（詐害行為取消権に関する経過措置）
第19条
施行日前に旧法第424条第1項に規定する債務者が債権者を害することを知ってした法律行為がされた場合におけるその行為に係る詐害行為取消権については、なお従前の例による。

---

## ◆解説

### 1 趣旨
本条は、詐害行為取消権に関する経過措置を定めている。

### 2 内容

**（1） 詐害行為取消権に関する改正内容**　詐害行為取消権については、旧法424条から旧法426条まで、および、新法424条から新法426条までが定めている。新法は、判例法理・解釈論の明文化または変更による整備をした。また、平成16（2004）年破産法改正によって詐害行為取消権と否認権の行使要件に不整合が生じていたため、平仄を合わせた。

この改正のポイントは、①取消要件について倒産法上の否認権に整合させる方針で詳細に整備したこと、②財産減少行為類型については、基本要件を維持し、相当対価による処分行為の取消要件の明文化をしており、否認要件との異同に注意を要すること、③偏頗行為類型については、支払不能基準を採用した取消要件が明文化されたが、主観的要件である通謀詐害意図については解釈による明確化が必要であり、また、過大な代物弁済の規定が新設されたこと、④取消権行使方法について従前の判例法理を明文化したほか訴訟告知義務を新設したこと、⑤債務者に取消権を及ぼす規律と、受益者・転得者の権利に関する規律を新設したこと、⑥転得者に対する取消要件については、従来の判例の相対的構成を採用せず受益者およびすべての転得者の悪意を要件とし、他方で、否認権で採用されてきた転得者の二重の悪意の要件は採用せず、「民法の一部を改正する法律の施行に伴う関係法律の整備等に関する法律」により倒産法上の否認要件についても新法に整合する内容に改正したこと、⑦取消権行使の効果については、相対的取消の構成を採用せず債務者への取消効を肯定し、否認権の規定を参考に受益者の反対給付等に関する規定を新設し、否認権に規定のない転得者の反対給付等に関する権利の規定を新設したこと、および、⑧取消しの期間制限のうち長期期間を10年に短縮したことにある（QA62〜83頁、一問一答98〜114頁）。

具体的には、「詐害行為取消権における被保全債権」、「相当価格処分行為の詐害性」、「同時交換行為の詐害性」、「弁済の詐害性」、「担保供与の詐害性」、「過大な代物弁済の詐害性」、「転得者に対する詐害行為取消権の要件」、「詐害行為取消権の請求の内容」、「詐害行為取消権の行使の方法」、「詐害行為取消訴

訟の競合」、「取消債権者の直接請求権」、「詐害行為取消しの範囲」、「廉価売却行為の取消しと受益者の反対給付」、「高値購入行為の取消しと受益者の反対給付」、「詐害行為取消しと受益者の債権の復活」、「詐害行為取消しと転得者の反対給付」、「詐害行為取消権の期間制限」等の論点で問題になる（BA168～201頁）。

　(a)　**倒産法上の否認権との平仄**　　債権者取消権に関する改正のうち、倒産法上の否認権との平仄については、①「詐害行為取消権の効果をめぐっては、この制度が被保全債権の債権回収手段ではなく、強制執行の準備のための責任財産保全手段であるとする見方が、今次改正の旗印であった。しかし、債権回収手段としての性格に向けた現実の要請は強く、紆余曲折の末、『事実上の優先弁済』効の現状は妥協的に追認された。……詐害行為取消権の要件をめぐっては、『破産法との横並び』論が今次改正を終始領導した」（森田348頁）、②「詐害行為取消権については、倒産手続における否認権との連続性を意識し、平仄を合わせるように改正したわけです。最も重要な改正ポイントは、改正法425条が、取消しの効果が債務者にも及ぶことを認めた点です。これによって取消判決が認容されると、受益者ないし転得者に対して、債務者も取消権者と同じ請求ができることになります。そのため、攻める債権者側も守る債務者側も、訴訟対応は大きく変わるようになると思います」（実務課題8頁：中井康之発言）、③「否認権についての予見可能性を高めるという趣旨を民法の詐害行為取消権の中でも実現して、その趣旨を全うするという観点からすれば……支払不能を……同一の概念と理解すべきだと考えます」（実務課題137頁：山本和彦発言）、④「今回の改正では、支払不能後という要件を要求しますので、この1号要件が入ることによって倒産法との平仄が図られている。そこで、2号の通謀的害意も、もう少し柔軟なものとしてもよいのではないか」（実務課題138頁：高須順一発言）、⑤「例えば、私的整理の交渉が行われている局面で、一部債権者が抜け駆け的な弁済あるいは担保設定を債務者から受けるというようなことが行われた場合に、もちろんそれは倒産手続に移行すれば否認の問題になるわけですが、そこまでいかなくても、私的整理の段階でそれを詐害行為として取り消そうというようなことであるとすれば、弁済等を受けた債権者が私的整理が行われているということを知っていて、その私的整理において他の債権者が言わばステイしているという状態で抜け駆けをしたというような局面においては、私はこの通謀害意というのを認める余地は十分にあるのではないかと思っています」（実務課題139頁：山本和彦発言）という指摘が重要である。

**94**　各　　論

(b) 債務者への取消効の肯定（相対的取消構成の否定）　債権者取消権に関する改正のうち、債務者への取消効の肯定（相対的取消構成の否定）については、①「改正法の下では、債務者に効力が及ぶので、これが相殺の問題だということが明確になったと、このことの意味は大きいと思うのです。……相殺権の濫用ということを申し上げましたが、まさにこれを相殺の問題として捉えるから、そういう形になるわけで……事実上誰も取り返せないから優先しているのだというような話になると、濫用みたいなこともないということにもなりかねないわけで、そこを明確にした意義は大きい。さらに、それを倒産の場面でどのように扱いますかという場合も、相殺だということになれば、倒産法は相殺権を制限するような規定をいくつか持っていますので、そこでの当てはめの問題であるということは非常にはっきりする」（実務課題130〜131頁：山本和彦発言）、②「私個人は、和解についても、既判力を肯定して既判力の拡張を認める以上は債務者の介入は認めていいのではないかという個人的な見解は持っていますが、ここは学説上、意見はかなり分かれるところなのかなと思っています」（実務課題149頁：山本和彦発言）、③「私も、共同訴訟的補助参加をした債務者には、原告たる取消債権者と被告となる受益者あるいは転得者の間で訴訟上の和解がなされることに対し、これを阻止する権限を与えてもよいという立場です。まさにこの和解の点が、今後の訴訟実務の中で大きな問題となってくるところだと思います」（実務課題149頁：高須順一発言）といった指摘が、重要である。

**（2）　詐害行為取消権に関する経過措置**　本条は、「施行日前に旧法第424条第1項に規定する債務者が債権者を害することを知ってした法律行為がされた場合」におけるその行為に係る詐害行為取消権については、なお従前の例によると規定している。これは、既存の（旧法による）法律関係に対する当事者の信頼を保護するため、これまでに扱っていたのと同じように扱うという意味であり、施行日より前にされた詐害行為については、新法424条から新法426条までの規定は適用されない。

　その趣旨は、取消請求の対象である詐害行為がされた時点を基準として改正後の民法の規定の適用の有無を画すれば、規律は簡明となり、債務者の予見可能性という見地からも妥当であるという点にある。取消債権者の予測可能性という観点からは、施行日以後に被保全債権が生じた場合におけるその取消債権者について新法を適用することも考えられるし、転得者の予測可能性という観

点からは、施行日以後に転得行為がされた場合におけるその転得者に対する取消請求について新法を適用することも考えられるが、取消債権者や転得者が複数存在する場合に取消債権者および転得者ごとに新法が適用されたり適用されなかったりすると、債務者および受益者の予測を著しく害する結果となるため、それらの方法は採用されなかった。

　一問一答382頁は、「詐害行為取消権に関する経過措置においては、詐害行為の時点を新法適用の基準時とすることとし、施行日前に詐害行為がされた場合については旧法を適用している（附則19条）。取消債権者や転得者が複数存在する場合に取消債権者又は転得者ごとに新法の規定が適用されたり、適用されなかったりすると、債務者及び受益者の予測可能性を著しく害する結果となるし、取消請求の対象である詐害行為がされた時点を基準として新法の規定の適用の有無を画すれば、規律が簡明となること等によるものである」と指摘している。また、部会資料85・3頁は、「詐害行為取消権に関する規定については、施行日以後に詐害行為がされた場合について改正後の民法の規定を適用し、施行日前に詐害行為がされた場合についてはなお従前の例によるとする考え方があり得る。取消債権者の予測可能性という観点からは、施行日以後に被保全債権が生じた場合におけるその取消債権者について改正後の民法の規定を適用することが考えられるし、転得者の予測可能性という観点からは、施行日以後に転得行為がされた場合におけるその転得者に対する取消請求について改正後の民法の規定を適用することが考えられるが、取消債権者や転得者が複数存在する場合に取消債権者及び転得者ごとに改正後の民法が適用されたりされなかったりすると、債務者及び受益者の予測を著しく害する結果となるし、取消請求の対象である詐害行為がされた時点を基準として改正後の民法の規定の適用の有無を画すれば、規律は簡明となること等によるものである」と指摘していた。

　本条の概要を表にすると、以下のとおり。

|  | 経過措置の基準となる事実 | 適用される法律の規定 |
|---|---|---|
| 旧法 | 債権者を害することを知って法律行為をしたのが令和2年4月1日前 | 424条〜426条 |
| 新法 | 債権者を害することを知って法律行為をしたのが令和2年4月1日以後 | 424条〜426条 |

## 3 実務への影響

詐害行為取消権に関する改正は、従来の規律を変更するものであり、実務に影響する。そのため、適用条文に応じた経過措置の基準となる事実が生じた時期について注意する必要がある。

---

（不可分債権、不可分債務、連帯債権及び連帯債務に関する経過措置）
第20条
1　施行日前に生じた旧法第428条に規定する不可分債権（その原因である法律行為が施行日前にされたものを含む。）については、なお従前の例による。
2　施行日前に生じた旧法第430条に規定する不可分債務及び旧法第432条に規定する連帯債務（これらの原因である法律行為が施行日前にされたものを含む。）については、なお従前の例による。
3　新法第432条から第435条の2までの規定は、施行日前に生じた新法第432条に規定する債権（その原因である法律行為が施行日前にされたものを含む。）については、適用しない。

---

## ◆解説

### 1　趣旨

本条1項は、不可分債権に関する旧法428条の経過措置を定めている。

本条2項は、不可分債務に関する旧法430条、および、連帯債務に関する旧法432条の経過措置を定めている。

本条3項は、連帯債権に関する新法432条から新法435条の2までの経過措置を定めている。

### 2　内容

（1）**不可分債権**　本条1項は、不可分債権に関する経過措置として、「施行日前に生じた旧法第428条に規定する不可分債権（その原因である法律行為が施行日前にされたものを含む。）」については、なお従前の例によると規定している。

（a）**不可分債権に関する改正内容**　不可分債権については、旧法428条お

および旧法429条、ならびに、新法428条および新法429条が定めている。

この改正のポイントは、①当事者の意思表示によって不可分債権とすることを否定し、その目的が性質上不可分である場合に限定したこと、および、②連帯債権の規定を原則として準用することにある（一問一答126頁、BA226～227頁）。

(b) **不可分債権に関する経過措置**　本条1項は、「施行日前に生じた旧法第428条に規定する不可分債権（その原因である法律行為が施行日前にされたものを含む。）」については、なお従前の例によると規定している。これは、既存の（旧法による）法律関係に対する当事者の信頼を保護するため、これまでに扱っていたのと同じように扱うという意味であり、施行日より前に生じた不可分債権（その原因である法律行為が施行日前にされたものを含む）については、新法は適用されない。

その趣旨は、施行日より前に生じた不可分債権（その原因である法律行為が施行日前にされたものを含む）について新法を適用すると、当事者（債権者および債務者）の予測可能性を害する結果となるため、施行日以後に生じた不可分債権のうち、その原因である法律行為が施行日以後にされた場合についてのみ新法428条および新法429条を適用することが適切という点にある。

本条1項の概要を表にすると、以下のとおり。

| | 経過措置の基準となる事実 | 適用される法律の規定 |
|---|---|---|
| 旧法 | 不可分債権が生じたのが令和2年4月1日前（その原因である法律行為が令和2年4月1日前にされたものを含む） | 428条、429条 |
| 新法 | 不可分債権が生じたのが令和2年4月1日以後（その原因である法律行為が令和2年4月1日前にされたものを除く） | 428条、429条 |

**（2）　不可分債務・連帯債務**　本条2項は、不可分債務および連帯債務に関する経過措置として、「施行日前に生じた旧法第430条に規定する不可分債務及び旧法第432条に規定する連帯債務（これらの原因である法律行為が施行日前にされたものを含む。）」については、なお従前の例によると規定している。

(a) **不可分債務に関する改正内容**　不可分債務については、旧法430条、および、新法430条が規定する。

この改正のポイントは、連帯債務における絶対的効力が限定され、不可分債務との違いが少なくなったことから、当事者の意思表示によって不可分債務と

することを否定し、その目的が性質上不可分である場合に限定したことにある（QA84頁、一問一答126頁）。具体的には、「不可分債務と連帯債務」、「不可分債務者の１人について生じた事由の効力」等の論点が問題になる（BA202〜203頁・222〜223頁）。

(b) **連帯債務に関する改正内容**　連帯債務については、旧法432条から旧法445条まで、および、新法436条から新法445条までが規定する。

この改正のポイントは、①債務の目的が性質上可分であり、法令の規定等に基づき複数の債務者がそれぞれ債権者に対し全部の履行をすべき場合を連帯債務としたこと、②連帯債務者の１人について生じた事由の効力を見直したこと、③破産手続開始の決定を受けた場合の債権者の配当加入に関する旧法441条を削除したこと、および、④連帯債務者の求償権について見直したことにある（QA84頁、一問一答115〜119頁・122〜126頁）。具体的には、「不可分債務と連帯債務」、「連帯債務者の１人に対する請求」、「連帯債務における相殺」、「連帯債務者の１人についての消滅時効」、「連帯債務者の１人による一部弁済後の求償関係」、「連帯債務者の１人による代物弁済後の求償関係」、「連帯債務における事前通知・事後通知」、「連帯債務における償還無資力者の負担部分の分担」、「連帯の免除」等の論点が問題になる（BA202〜221頁）。

なお、不真正連帯債務については、①「連帯債務と不真正連帯債務の差がほとんどなくなったということで、……共同不法行為者の１人が自己の負担部分を超えない範囲で、少しでも弁済したら、負担割合に応じて求償できるのかどうか、この点は今回の改正法についての解説を読んでいても、説が分かれているところで（肯定説として潮見佳男『新債権総論Ⅱ』〔信山社、2017年〕603頁、否定説として平野裕之『債権総論』〔日本評論社、2017年〕）、判例が今後どういう判断をするかということになると思います」（実務課題156頁：松本恒雄発言）、②「新法は、旧法に比して、絶対的効力事由を大幅に削減した（とりわけ、履行の請求、免除、消滅時効の完成が、絶対的効力事由から相対的効力事由へと変更された点は重要である）。他方、連帯債務のもつ担保的機能は、真正の連帯債務と不真正連帯債務において異なるところはない。……新法のもとでは、従前説かれてきた連帯債務と不真正連帯債務を区別する意味はなくなった。むしろ、従前の枠組みを踏まえていうならば、新法のもとでは、従前の不真正連帯債務の法理が原則とされ、真正の連帯債務のようなタイプの連帯債務であることを欲する者は特別の合意をすることによりそのような効果を受けるべきであるという

システムが採用されているとみることができる（相対的効力の原則を定めた民法
441条に、旧法ではなかった『債権者及び他の連帯債務者の一人が別段の意思を表示
したときは、当該他の連帯債務者に対する効力は、その意思に従う』とのただし書
を追加したのが、その現れである）。このことは、これまで不真正連帯債務であ
るとされてきたものにも、今後は、債権総則に定められた求償法理が適用され
ることとなる点において、とりわけ重要な意味を有する」（潮見Ⅱ587頁）とい
う指摘が重要である。

(c) **不可分債務・連帯債務に関する経過措置**　本条2項は、「施行日前に
生じた旧法第430条に規定する不可分債務及び旧法第432条に規定する連帯債務
（これらの原因である法律行為が施行日前にされたものを含む。）」については、な
お従前の例によると規定している。これは、既存の（旧法による）法律関係に
対する当事者の信頼を保護するため、これまでに扱っていたのと同じように扱
うという意味であり、施行日より前に生じた不可分債務および連帯債務（これ
らの原因である法律行為が施行日より前にされたものを含む）については、新法
430条、新法436条から新法445条までは適用されない。

その趣旨は、施行日より前に生じた不可分債務および連帯債務（その原因で
ある法律行為が施行日より前にされたものを含む）について新法を適用すると、
当事者（債権者および債務者）の予測可能性を害する結果となるため、施行日
以後に生じた不可分債務および連帯債務（かつ、その原因である法律行為が施行
日以後にされた場合）についてのみ新法430条、新法436条から新法445条までを
適用することが適切という点にある。

本条2項の概要を表にすると、以下のとおり。

| | 経過措置の基準となる事実 | 適用される法律の規定 |
|---|---|---|
| 旧法 | 不可分債務・連帯債務が生じたのが令和2年4月1日前（その原因である法律行為が令和2年4月1日前にされたものを含む） | 430条、432条〜445条 |
| 新法 | 不可分債務・連帯債務が生じたのが令和2年4月1日以後（その原因である法律行為が令和2年4月1日前にされたものを除く） | 430条、436条〜445条 |

**（3）　連帯債権**　本条3項は、連帯債権に関する経過措置として、「施行日

前に生じた新法第432条に規定する債権（その原因である法律行為が施行日前にされたものを含む。）」については、新法432条から新法435条の2までの規定を適用しないと規定している。

　(a)　**連帯債権に関する改正内容**　　連帯債権については、新法432条から新法435条までが新設された。

　この改正のポイントは、①旧法に規定がなかった「連帯債権」という概念について明文化したこと、および、②債権の目的が性質上可分であり、法令の規定等に基づき複数の債権者がそれぞれ債務者に対し全部の履行を請求できる場合を連帯債権としたことにある（BA224〜225頁、一問一答115〜121頁）。

　(b)　**連帯債権に関する経過措置**　　本条3項は、「施行日前に生じた新法第432条に規定する債権（その原因である法律行為が施行日前にされたものを含む。）」については、新法432条から新法435条の2までの規定を適用しないと規定している。

　その趣旨は、施行日より前に生じた連帯債権（その原因である法律行為が施行日より前にされたものを含む）について新法を適用すると、当事者（債権者および債務者）の予測可能性を害する結果となるため、施行日以後に生じた連帯債権（かつ、その原因である法律行為が施行日以後にされた場合）についてのみ新法432条から新法435条までを適用することが適切という点にある。

　本条3項の概要を表にすると、以下のとおり。

| | 経過措置の基準となる事実 | 適用される法律の規定 |
| --- | --- | --- |
| 旧法 | 連帯債権が生じたのが令和2年4月1日前（その原因である法律行為が令和2年4月1日前にされたものを含む） | なし |
| 新法 | 連帯債権が生じたのが令和2年4月1日以後（その原因である法律行為が令和2年4月1日前にされたものを除く） | 432条〜435条 |

## 3　実務への影響

　不可分債権、不可分債務、連帯債務および連帯債権に関する改正は、従来の規律を変更するものであり、実務に影響する。そのため、適用条文に応じた経過措置の基準となる事実が生じた時期について注意する必要がある。

---

（保証債務に関する経過措置）

第21条

1　施行日前に締結された保証契約に係る保証債務については、なお従前の例による。

2　保証人になろうとする者は、施行日前においても、新法第465条の6第1項（新法第465条の8第1項において準用する場合を含む。）の公正証書の作成を嘱託することができる。

3　公証人は、前項の規定による公正証書の作成の嘱託があった場合には、施行日前においても、新法第465条の6第2項及び第465条の7（これらの規定を新法第465条の8第1項において準用する場合を含む。）の規定の例により、その作成をすることができる。

---

## ◆解説

### 1　趣旨

　本条1項は、保証債務に関する経過措置を定めている。

　本条2項は、施行日から円滑に保証契約の締結をすることができるようにするため、保証人となろうとする者に対し、施行日より前から保証意思宣明公正証書の作成を嘱託することを認めている。

　本条3項は、施行日から円滑に保証契約の締結をすることができるようにするため、保証人となろうとする者から作成の嘱託があった場合に、公証人が、施行日前から保証意思宣明公正証書を作成することを認めている。

### 2　内容

（1）**保証債務**　本条1項は、保証債務に関する経過措置として、「施行日前に締結された保証契約に係る保証債務」については、なお従前の例によると規定している。

　(a)　**保証債務に関する主な改正内容**　保証債務については、旧法446条から旧法465条の5まで、および、新法446条から新法465条の10までが定めている。

　この改正のポイントは、①個人貸金等根保証に関する規律を個人根保証一般に拡大して、個人根保証全般について「極度額」を要件化し、個人貸金等根保証に限られていた元本の確定事由を一定の範囲において個人根保証全般に拡大

した上で、求償権についての保証契約にも同様の規律をしたこと、②事業資金借入れのための個人保証（求償権についての保証契約を含む）について、原則として保証意思宣明公正証書による保証意思の表示を必要とした上で、経営者保証等の一定の場合に公正証書作成を要しない例外を認めたこと、および、③保証人保護のために、契約締結時の情報提供義務、主債務の履行状況に関する情報提供義務、期限の利益を喪失したときの情報提供義務を明文化したことにある（QA87～101頁、一問一答127～158頁）。具体的には、「保証債務の内容の付従性」、「主たる債務に関する抗弁の援用」、「委託保証人の求償権」、「保証における事前・事後の通知」、「連帯保証」、「個人根保証契約における極度額等」、「求償権保証債務」、「公正証書の作成と保証の効力」、「公正証書の作成と保証の効力に関する規定の適用除外」、「保証契約締結時の情報提供義務」、「期限の利益喪失に関する情報提供義務」等の論点が問題になる（BA228～251頁）。

　(b)　**保証意思宣明公正証書の作成（原則）**　　新法は、事業用貸金債務を主たる債務とする個人の保証および根保証について、保証意思宣明公正証書の事前作成を原則として義務付けている（新法465条の6）。この公正証書の作成については、「安易に利用されれば、貸金等債務の保証における個人保証の原則禁止というルールが換骨奪胎されることになりうる」（潮見Ⅱ776頁）ことに留意して、実務において的確に対応する必要がある。

　保証意思宣明公正証書の作成に関する法務省民事局長答弁として、以下のものがある。①この公正証書は保証人になろうとする者が公証人に口授することにより作成され、代理嘱託はできない（衆議院会議録12号9頁）。②口授が必要とされる点で遺言公正証書と共通するが、今回の改正による立法趣旨を踏まえれば、保証意思の確認はより厳格に行われるべきものである（衆議院会議録13号5頁）。③口授の対象となっている事項を変更するときは、あらためて保証意思宣明公正証書を作成する必要があり、主債務者の遅延損害金の利率を高くする場合には作成が必要となるが、主債務の弁済期を変更する場合はその必要はない（衆議院会議録13号5頁）。④裁判上の和解において保証契約を締結する際であっても、事前に保証意思宣明公正証書の作成が必要である（衆議院会議録13号6頁）。⑤契約書において併存的債務引受契約などの用語が用いられていても、保証人になろうとする者の実質的意思が他人の債務を保証するために契約を締結するものであるときは、保証契約と認定され、保証意思宣明公正証書の規律が適用される（衆議院会議録15号10頁）。⑥保証意思がないにもかかわ

らず保証意思宣明公正証書が作成されても、所定の公正証書には該当せず、したがって、保証契約も無効となる（参議院会議録14号24頁）。

この点では、①「第三者保証について、公正証書の作成等、面倒な義務を細かく規定したものだから、使われなくなってしまった、としまして、それは、法改正の意味がなかったのか、失敗だったのか、というと、ハードルを高くすることによって使われなくなれば、私は立法としては大成功なのではないかと考えています」（実務課題363頁：道垣内弘人発言）、②「方向性は同じでして、参考に申し上げれば、法務省民事局長が令和元年6月24日付で、この公証事務の取扱いについて通達を出しています。この通達には、公証人が保証意思確認の公正証書を作るときに、法律上定められている事項を履践すべきことが、詳細に定められているのですが、それに加えて、例えば委託に基づく保証の場合は主債務者が保証人予定者に主債務の財産及び収支の状況等を情報提供しなければならないという改正法465条の10を踏まえて、この保証意思を確認する際に、公証人は、主債務者からいかなる情報の提供を受けたのか、その内容を記録かすることを求めています。加えて、保証するに至った経緯や、借入金の使途、弁済方法、主債務者との関係などを確認し記録化することを推奨しています。このように保証意思確認の一環として、法の定めた以上のものを確認して記録化せよとしていることについては、弁護士会としては大変評価したいし、それが結果として債権者の負担になり、第三者保証が使われなくなる、この制度自体が使われなくなることは、大変良い方向だと思っています」（実務課題363頁：中井康之発言）という指摘が重要である。

(c)　**保証意思宣明公正証書の作成（例外）**　保証意思宣明公正証書の作成義務（新法465条の6）に対しては、いわゆる経営者保証について、例外が認められている（新法465条の9）。その趣旨は、①業務執行の決定に関与できる者は、保証について情誼による側面が弱く、業務執行の決定に必要な情報を入手する権限も有すること、および、②保証が経営の規律付けに寄与する面がある点にある。例外とされる具体的範囲については、主債務者（法人）の理事・取締役・執行役、主債務者（法人）の議決権の過半数を有する者、主債務者（個人）の共同事業者や事業に現に従事している配偶者が、限定列挙されている。

保証意思宣明公正証書の作成義務の例外に関する法務省民事局長答弁として、以下のものがある。①適用除外者のうち、「配偶者」については、あくまで個人事業者の配偶者であることが必要であり、法人の代表取締役の配偶者などは

含めない（衆議院会議録12号2頁）。②内縁の妻は除外者には入らない（衆議院会議録15号5頁）。③事業に現に従事している配偶者であることが必要であり、単に書類上、事業に従事しているとされているだけでは足りないし、一時的な従事では足りない（衆議院会議録12号3頁）。④主たる債務者が法人である場合、いわゆる執行役員は、理事等「に準ずる者」には該当せず、保証意思宣明公正証書が必要である（参議院会議録9号2頁）。一方で、⑤名目上の取締役のような者でも、法律上、正式に取締役の地位にある以上は、除外者には当たらない（参議院会議録9号17頁）。

　また、ここにいう「配偶者」の意義については、①「465条の9に該当するものが、個人保証の例外とされているのは、保証人となる者が一定の『地位』にあるからだという点に着目したからであり、しかも1号、2号、それから3号前段については、業務の執行に関与し、又は業務執行の決定に関与する地位にあるという点に着眼して、このような例外的な処理をしているわけです。ですから、配偶者がした保証についても例外処理をするのならば、1号、2号、それから3号前段と同等の地位にある者でなければなりません。取締役とか執行役とかといった地位には形式的には就いていないし、組合契約の当事者という地位を認めることはできないけれども、主債務者が行う業務の執行に関与し、又は業務の執行の決定に関与する地位にあるという実態を有している配偶者に絞るべきだと思います」（実務課題180〜181頁：潮見佳男発言）、②「部会資料78A・21頁によれば、個人事業の場合において経営と家計の未分離という状況が典型的に認められることを考慮に入れたものである。しかし、経営者の置かれた地位に鑑みれば、『共同して事業を行う』者には該当しないものの『主たる債務者が行う事業に現に従事している』配偶者が個人保証をするのは、情誼性が典型的に認められる場面である。それゆえに、このような人的類型を設けたことには、立法論として疑義がある。解釈論としては、『主たる債務者が行う事業に現に従事している』配偶者は、1号・2号・3号前段に該当するものと実質的に同視すべき者に限られるべきである」（潮見Ⅱ774頁）、③「改正法465条の6は、強行法規ではないでしょうか。そして、465条の9がその適用除外規定であるというように思われます。そして、事業に現に従事しているかどうかは、当事者の合意や一方的意思により決められるのではなく、強行法規である465条の6の適用除外をもたらす465条の9第3号後段に該当するかどうかを、同号の趣旨に照らして客観的に判断するべきものです。したがって、現に

従事していることをいくら表明保証しても、これによって465条の6の適用を回避することはできないと思います」（実務課題182頁：潮見佳男発言）という指摘が重要である。

(d) **根保証**　新法は、極度額の定めを個人根保証契約一般に拡張し、極度額の定めのない個人根保証契約はすべて効力を生じないと規定する（新法465条の2）。

根保証に関する法務省民事局長答弁として、以下のものがある。①身元保証契約の中には保証契約の性質を有するものと、それ以外の損害担保契約の性質を有するものがあるが、前者については新法465条の2の適用があり、極度額の定めがなければ効力を生じない（参議院会議録9号24頁）。②保証契約は書面によることが必要であるため、極度額の定めも、当然、書面に記載しなければならない（参議院会議録14号2頁）。

(e) **情報提供義務**　新法は、①保証契約締結時の情報提供義務（新法465条の10）、②主たる債務の履行状況に関する情報提供義務（新法458条の2）、および、③主たる債務者が期限の利益を喪失したときの情報提供義務（新法458条の3）、というタイプの異なる義務を新設している。

情報提供義務に関する法務省民事局長答弁として、以下のものがある。①新法465条の10第2項が規定する契約締結時の情報提供義務違反の場合の取消権行使について、要件となる債権者の悪意、有過失の立証責任は取消権を行使する保証人にある（衆議院会議録11号7頁）。②新法458条の3は、主たる債務者が期限の利益を喪失した場合に債権者に保証人への通知義務を課しているが、一般原則に従い到達しなければ通知したとはいえず、保証人の所在不明のような場合には公示による意思表示の手続が可能である（衆議院会議録16号）。

保証契約締結時の情報提供義務については、「一般論として言えば、個人保証人が保証のリスクを引き受けるか否かについて判断するために基礎となる情報、主債務者の不履行リスクに関する情報ということになるのでしょうが、他方で、中小の事業者において、主債務者自身が、自らが履行できなくなるリスクや破綻するリスクを正しく見積もっているか、そもそも将来の状況を含む財産や収支の状況について的確に判断し、保証人に対して必要な状況提供をする能力を有しているのか、さらに言えば、必要な情報を選別できるか、微妙なケースもあると思われます。このような留保付きでの感触ですが、提供すべき情報は、『主債務者が将来において債務を履行せず、債権を回収することができ

なくなるリスク』（債権回収リスク）を保証人が判断する上で基礎になる情報でしょう」（実務課題183〜184頁：潮見佳男発言）という指摘が重要である。

　(f)　**保証債務に関する経過措置**　本条１項は、「施行日前に締結された保証契約に係る保証債務」については、なお従前の例によると規定している。これは、既存の（旧法による）法律関係に対する当事者の信頼を保護するため、これまでに扱っていたのと同じように扱うという意味であり、施行日より前に締結された保証契約に係る保証債務については、新法446条から新法465条の10までの規定は適用されない。

　その趣旨は、施行日より前に締結された保証契約に係る保証債務について新法を適用すると、当事者（債権者および債務者）の予測可能性を害する結果となるため、施行日以後に生じた締結された保証契約に係る保証債務についてのみ新法446条から新法465条の10までの規定を適用することが適切という点にある。

　本条１項の概要を表にすると、以下のとおり。

| | 経過措置の基準となる事実 | 適用される法律の規定 |
|---|---|---|
| 旧法 | 保証契約を締結したのが令和２年４月１日前 | 446条〜465条の５ |
| 新法 | 保証契約を締結したのが令和２年４月１日以後 | 446条〜465条の10 |

**（２）　保証意思宣明公正証書の嘱託**　新法465条の６第１項は、「事業のために負担した貸金等債務を主たる債務とする保証契約又は主たる債務の範囲に事業のために負担する貸金等債務が含まれる根保証契約」について、その契約の締結に先立ち、その締結の日前１か月以内に作成された公正証書で、保証人になろうとする者が「保証債務を履行する意思」を表示していなければ、その効力を生じないと規定している。そして、新法465条の８第１項は、「事業のために負担した貸金等債務を主たる債務とする保証契約又は主たる債務の範囲に事業のために負担する貸金等債務が含まれる根保証契約の保証人の主たる債務者に対する求償権に係る債務を主たる債務とする保証契約」について、新法465条の６第１項を準用している。これらの規定によると、事業のために負担した貸金等債務（またはそれに係る求償権）を主たる債務とする個人保証契約は、一定の例外がある場合を除き、事前に公正証書が作成されていないときは無効で

ある。

　本条2項は、施行日より前においても、保証人となろうとする者が、新法465条の6第1項（新法465条の8第1項において準用する場合を含む）の保証意思宣明公正証書の作成を公証人に嘱託することを認めている。その趣旨は、原則施行日から円滑に保証契約を締結するためには、施行日より前においても、保証人となろうとする者が、新法465条の6第1項（新法465条の8第1項において準用する場合を含む）の保証意思宣明公正証書の作成を嘱託することを認める必要があるという点にある。

　本条2項は、附則1条ただし書3号を受けた政令（平成29年政令309号）により令和2年3月1日から施行される。

**（3）　保証意思宣明公正証書の作成**　　新法465条の6第2項は、同条1項の公正証書を作成する場合に従わなければならない方式について規定している。新法465条の7は、保証に係る公正証書の方式の特則について規定している。そして、新法465条の8第1項は、「事業のために負担した貸金等債務を主たる債務とする保証契約……の保証人の主たる債務者に対する求償権に係る債務を主たる債務とする保証契約」について、新法465条の6第2項および新法465条の7を準用している。

　本条3項は、施行日より前においても、本条2項に基づいて保証人となろうとする者から作成の嘱託があった場合には、新法465条の6第2項および新法465条の7（これらの規定を新法465条の8第1項において準用する場合を含む）の保証意思宣明公正証書を作成することを認めている。これは、本条2項が、保証人になろうとする者が施行日より前に保証意思宣明公正証書の作成を嘱託することを認めていることを受けて、公証人が施行日より前に公正証書の作成をすることができることを規定したものである。

　本条3項も、本条2項と同様に、附則1条ただし書3号を受けた政令（平成29年政令309号）により令和2年3月1日から施行される。

### 3　実務への影響

　保証債務に関する改正は、従来の規律を変更するものであり、実務に影響する。そのため、適用条文に応じた経過措置の基準となる事実が生じた時期について注意する必要がある。

（債権の譲渡に関する経過措置）
第22条
施行日前に債権の譲渡の原因である法律行為がされた場合におけるその債権の譲渡については、新法第466条から第469条までの規定にかかわらず、なお従前の例による。

## ◆解説

### 1　趣旨

本条は、債権譲渡に関する経過措置を定めている。

### 2　内容

本条は、債権譲渡に関する経過措置として、「施行日前に債権の譲渡の原因である法律行為がされた場合」におけるその債権の譲渡については、なお従前の例によると規定している。

**（1）　債権譲渡に関する改正内容**　　債権譲渡については、旧法466条から旧法473条まで、および、新法466条から新法469条までが定めている。債権は、その性質に反しない限り、自由に譲渡することができる（譲渡自由の原則。新法466条1項）。条文上、「指名債権」（旧法467条〜468条）の用語はなくなり、「債権」に統一された。将来債権譲渡が有効であることは明文化されたが（新法466条の6第1項・2項）、その可能な範囲に係る立法（例えば、今後50年間に発生する債権に限定する等）は見送られた。

この改正のポイントは、①債権譲渡制限（禁止）特約に違反した債権譲渡について、悪意・重過失の譲受人との関係でも有効とし、ただし、債務者は悪意重過失者に対し履行拒絶でき、譲渡人への弁済等を対抗できることとし、これらの抗弁権を失わせる催告権を一定の場合に認めた上で、債務者の供託権、特約付き債権の差押え、預貯金債権の特則等に関する規律を整備したこと、②将来債権譲渡の有効性や第三者対抗要件具備の方法についての規律を新設したこと、③将来債権の譲渡後に付された譲渡制限特約の効力についての規律を新設したこと、④異議をとどめない承諾による抗弁切断制度を廃止し、抗弁の放棄による対応とされたため、新たな問題として包括的な抗弁放棄の意思表示の有効性の限界が浮上したこと、および、⑤債権譲渡があったときの債務者の相殺の抗弁に関する規律を新設し、債務者が債権譲渡にもかかわらず相殺できる場

面を拡大したことである（QA102〜112頁、一問一答159〜182頁）。

　具体的には、「譲渡制限特約違反の債権譲渡後の譲渡人への弁済・相殺」、「譲渡制限特約違反の債権譲渡後の善意譲受人の地位」、「譲渡制限特約違反の債権譲受人による履行請求」、「譲渡制限特約違反の債権譲渡と債務者の承諾」、「債務者の供託権」、「破産手続開始と債権者の供託請求権」、「譲渡制限特約と債権の差押え」、「譲渡制限特約と預貯金債権」、「将来債権譲渡担保の効力」、「将来債権の譲受人に対する譲渡制限の意思表示の対抗」、「債権譲渡の承諾と債務者の抗弁」、「債権譲渡と相殺」、「将来債権譲渡と相殺」、「譲渡制限特約付債権の譲渡と相殺」等の論点が問題になる（BA252〜279頁）。

　(a)　**譲渡制限特約**　　債権の譲渡を制限する特約について、従前は「譲渡禁止特約」とも呼ばれたが、新法466条2項の「譲渡制限の意思表示」という規定を受けて、「譲渡制限特約」とする例が多い。

　譲渡制限特約の規律に関する法務省民事局長答弁として、以下のものがある。①譲渡制限特約に違反した債権譲渡がなされた場合も、債務者に特段の不利益はなく、これを理由に取引関係の打ち切りや契約解除などを行うのは極めて合理性に乏しい行動であり、権利濫用などに当たり得る（衆議院会議録12号4頁）。②譲渡制限特約の存在についての譲受人の悪意・重過失の立証責任は債務者側が負担するが、立証のリスクを避けるために新法466条の2で供託が可能となっている（参議院会議録12号6頁）。

　この点では、①「違約金条項は、一般に、損害の金額評価が難しい場合には、当事者が予め合意した金額を払う旨定めることに合理性があると思われるのですが、何の損害も発生しないことが見込まれる場合に、あえて違約金条項を定めることに合理性はなく、しばしば力関係に基づいて結ばれることが多いことから、その効力が否定あるいは制限される場合が多いのではないかと考えます」（実務課題236頁：井上聡発言）、②「改正法は、当事者が譲渡を禁じたところで、譲渡を有効とした上で、債務者に迷惑がかからないように手当てをしたものと考えます。だとすれば、そういう手当て付きの譲渡が違約なのかということかもしれません。つまり、譲渡したうえで、譲受人が直接取り立てに行ければ、違約罰の対象となる契約違反に該当するのかもしれませんが、実際には、譲受人が、ずかずかと債務者のところに行ったりせずに、従前と全く同様の回収方法を継続して、債務者にとって何の不都合もない状態で回収が継続されている場合にも、改正法の下で、違約罰条項の効力がなお及ぶと解釈するのかに

ついては疑問があって、限定解釈することも十分ありうるのではないかと感じます」（実務課題237頁：井上聡発言）という指摘が重要である。

　(b)　**異議をとどめない承諾による抗弁切断制度の廃止**　　抗弁切断制度の廃止については、①「新しい468条は、むしろそのまま対抗要件具備時までに譲渡人に対して生じた事由をもって譲受人に対抗することができるとのニュートラルな規定になりました。したがって、異議をとどめない承諾による抗弁権の排除、喪失、遮断ということはなくなった。では、どうしたらいいのかという点は、法制審議会でも議論があったように、明確に抗弁権の放棄の意思表示をしてもらえばいい。それで、債権譲渡取引の安定的な実務運用を確保できると説明されています」（実務課題262〜263頁：高須順一発言）、②「実務では、債権譲渡の安定的な取引を実現したい、まして将来債権譲渡で最初に大枠として譲渡を受けるとなると、その段階で、つまり、譲受けの一番最初の段階で、放棄しておいてくださいねという要請が譲受人からは出てきます。したがって、債権者と債務者間における継続的契約の開始時点において、放棄特約が契約書に盛り込まれる。しかも、そもそもどんな抗弁が出るかもわからないわけですから、いわゆる包括的、かつ、事前の放棄の意思表示となる」（実務課題263〜264頁：高須順一発言）、③「非常に厄介な問題です。1つは約款問題、もう1つは債務者が消費者の消費者問題として考えることになります。ただ、改正民法では、グレーリストやブラックリストを不当条項として定める案は、経済界の反対が強くて採用できませんでしたので、問題は、定型約款の拘束力を否定する548条の2第2項や消費者契約法10条という一般条項的な規定の解釈運用に委ねられます。これらの規定が抗弁権放棄の意思表示についてどこまで使えるかは予測ができません。……売買契約において、購入した物にどのような契約不適合があっても債権譲渡の譲受人に対しては文句を言わないという特約が最初から入れられる事態は十分に考えられます。それは……不当条項と評価すべきだと思います。ただ、そのことを明記した規定はありませんので、消費者問題であれば、消費者契約法10条を使わざるを得ません。確かに、同条は一種の消費者公序を定めたものであり、民法90条の消費者版として、情報の質及び量並びに交渉力の格差を考慮して、民法に比べて無効とする基準を緩やかに考えることができると思いますが、争われると裁判で決着するまで待たなければなりません。こうした紛争が社会的問題になったときには、的確に規制する明確な規定を速やかに追加する必要があります」（実務課題264頁：松岡久和発言）と

いう指摘が重要である。

(c) **債権譲渡があったときの債務者の相殺の抗弁**　債権譲渡と相殺については、①「469条2項2号というのは、将来債権譲渡を専ら念頭に置いて定められたものです。金融取引において、将来債権を譲渡して、譲受人が銀行から資金を調達するということが行われています。銀行は、担保として集合債権を譲り受けるわけですが、相殺できる反対債権の範囲が改正法で拡張されるということは、それだけ譲渡債権の価値が毀損される可能性が増えることを意味します。そうすると、金融取引としての集合債権譲渡の利用を阻害することにならないか、という懸念が生じます。この点、部会審議においては、将来債権譲渡を想定して、相殺できる反対債権の範囲を拡張して債務者を保護することにより譲渡債権の発生を確保するためであり、それは債権の譲受人の利益に資するのだと説明されていました」（実務課題215頁：中井康之発言）、②「469条2項2号で想定されている契約に、個別の売買契約ではなく、その基となる基本契約で相殺を拡張するような条項が定められていた場合も含まれるかについては、これまで、十分に考えたことがありませんが、やや広がりすぎるような印象を受けます。しかし、将来債権の譲受人は、その債権の発生原因である契約を知っているはずであるとすると、そのような相殺の可能性を認識していたと考えられるので、相殺を認めてもよいようにも思います」（実務課題217頁：野村豊弘発言）という指摘が重要である。

**（2）　債権譲渡に関する経過措置**　本条は、「施行日前に債権の譲渡の原因である法律行為がされた場合」におけるその債権の譲渡については、なお従前の例によると規定している。これは、既存の（旧法による）法律関係に対する当事者の信頼を保護するため、これまでに扱っていたのと同じように扱うという意味であり、施行日より前に債権の譲渡の原因である法律行為がされた場合におけるその債権の譲渡については、新法466条から新法469条までの規定は適用されない。

その趣旨は、一般に、取引の当事者等は、法律行為をした時点において適用している法令の規定がその意思表示について適用されると考えるのが通常であるところ、債権譲渡の当事者の予測を害さないためには、その法律行為が施行日以後に行われた場合についてのみ新法466条から新法469条までを適用することが適切という点にある。

また、本条が、譲渡される債権の生じた時を基準とせず、債権譲渡（の原因

行為）時を基準とした理由について、一問一答388頁は、「債権譲渡に関する規
定については、当事者はその債権譲渡行為をした時点における法律が適用され
ると予測し期待するのが通常であると考えられる。もっとも、譲渡制限特約に
関する規定については、債務者の予測・期待の保護の必要性も問題となるが、
債務者にとっては、新法が適用された場合であっても譲渡人に弁済等をするこ
とで免責されるため（新466条3項）、旧法下で保護されてきた弁済の相手方固
定の利益は新法下でも引き続き保護されている一方で、譲渡制限特約が付され
た債権が譲渡されたときに供託することができる要件が旧494条後段と比べて
緩和される（新466条の2）など、債務者は新法下において旧法と同程度以上に
保護される面もある。したがって、譲渡制限特約に関する規定についても、旧
法が適用されることについての債務者の予測や期待は実際にはそれほど重視し
なければならないようなものではないと評価することができる。他方で、譲渡
制限特約に関する規定について、譲渡制限特約が付された債権の譲渡による資
金調達を円滑化するという改正目的を早期に達成することができなくなるおそ
れがある。そこで、債権譲渡に関する規定全体について、施行日前に譲渡の原
因である法律行為がされた債権の譲渡については旧法を適用し、施行日以後に
譲渡の原因である法律行為がされた債権の譲渡については新法を適用している
（附則22条）」と指摘している。また、部会資料87・1頁は、「そもそも、債権
の譲渡に関する経過措置としては、譲渡の当事者が適用法条についてどのよう
な期待を有するかという点を重視する必要があると考えられることからすると、
譲渡時を基準として、新法の適用の有無を決することにも合理性があると考え
られる。また、この考え方によれば、施行日までに債務者に対して通知がされ
ているか、債務者が承諾していたときに、旧法の適用を受けることになるため、
旧法の適用の有無についての債務者の予測可能性も担保されているといえる」
と指摘していた。

　本条の概要を表にすると、以下のとおり。

|  | 経過措置の基準となる事実 | 適用される法律の規定 |
|---|---|---|
| 旧法 | 債権譲渡の原因である法律行為をしたのが令和2年4月1日前 | 466条〜473条 |
| 新法 | 債権譲渡の原因である法律行為をしたのが令和2年4月1日以後 | 466条〜469条 |

## 3　実務への影響

　債権譲渡に関する改正は、従来の規律を変更するものであり、実務に影響する。そのため、適用条文に応じた経過措置の基準となる事実が生じた時期について、注意する必要がある。

---

（債務の引受けに関する経過措置）
第23条
新法第470条から第472条の4までの規定は、施行日前に締結された債務の引受けに関する契約については、適用しない。

---

## ◆解説

### 1　趣旨

　本条は、債務引受に関する経過措置を定めている。

### 2　内容

　本条は、債務引受に関する経過措置として、「施行日前に締結された債務の引受けに関する契約」については、新法470条から新法472条の4までの規定を適用しないとしている。

**（1）　債務引受に関する改正内容**　　債務引受については、新法470条から新法472条の4までが新設された。この改正のポイントは、旧法には債務引受の要件・効果について規定がなかったところ、判例を参考として明文化したことにある（一問一答183～185頁）。具体的には、「併存的債務引受の要件」、「併存的債務引受の効果」、「免責的債務引受の要件と効果」、「免責的債務引受と担保の移転」等の論点が問題になる（BA280～287頁）。

　併存的債務引受をすると、引受人は、債務者と連帯して、債務者が債権者に対して負担する債務と同一の内容の債務を負担する（新法470条1項）。

　これに対し、免責的債務引受をすると、引受人は、債務者が債権者に対して負担する債務と同一の内容の債務を負担し、債務者は自己の債務を免れる（新法472条1項）。新法は、債務免除が債権者の意思表示によること等を理由として、**判例**と異なり、債務者の意思に反しても、債権者・引受人間の合意による免責的債務引受を有効とした。この場合、債務者への通知を要する（同条2項）。

これに対し、債務者・引受人間の合意による場合には、債権者の承諾を要する（同条3項）。

**（2） 債務引受に関する経過措置**　本条は、「施行日前に締結された債務の引受けに関する契約」については、新法470条から新法472条の4までの規定を適用しないとしている。

　その趣旨は、一般に、取引の当事者等は、意思表示をした時点において適用している法令の規定がその意思表示について適用されると考えるのが通常であるところ、債務の引受けに関する契約の当事者の予測を害さないためには、施行日以後に債務引受契約が締結された場合についてのみ新法470条から新法472条の4までを適用することが適切という点にある。

　本条の概要を表にすると、以下のとおり。

|  | 経過措置の基準となる事実 | 適用される法律の規定 |
|---|---|---|
| 旧法 | 債務の引受けに関する契約をしたのが令和2年4月1日前 | なし |
| 新法 | 債務の引受けに関する契約をしたのが令和2年4月1日以後 | 470条〜472条の4 |

## 3　実務への影響

　債務引受に関する改正は、基本的には実質的変更ではない（従来の解釈を明文化したものである）から、実務に対する大きな影響はないと思われる。ただし、判例と異なる規律とされた部分もあり、新法が根拠規定となる時期について理解する必要はある。

**【参考判例等】**
**大審院大正10年5月9日判決・民録27輯899頁**
　債務引受は、債務者の意思に反しない限り、債権者と引受人との間ですることができる。

> （記名式所持人払債権に関する経過措置）
> 第24条
> 施行日前に生じた旧法第471条に規定する記名式所持人払債権（その原因
> である法律行為が施行日前にされたものを含む。）については、なお従前
> の例による。

## ◆解説

### 1　趣旨

　本条は、記名式所持人払債権に関する経過措置を定めている。

### 2　内容

　本条は、記名式所持人払債権に関する経過措置として、「施行日前に生じた
旧法第471条に規定する記名式所持人払債権（その原因である法律行為が施行日
前にされたものを含む。）」については、なお従前の例によると規定している。

（1）　**記名式所持人払債権に関する改正内容**　　旧法471条は、記名式所持人
払債権の債務者の調査の権利等を定めていた。これに対し、新法では、記名式
所持人払債権について新法520条の13から新法520条の17までが規定している。

　これは、旧法および旧商法等に分散していた規定を、有価証券に関する規定
として整理統合する改正によるものである。このことは、「旧法等にあった関
連規定をいったん全て削除した上で、その実質的な内容について一部は修正・
追加をしつつも、基本的にはこれを維持し、一体的な有価証券に関する規定を
民法中に新設している（新法3編1章7節）」と説明された（一問一答210頁）。

（2）　**記名式所持人払債権に関する経過措置**　　本条は、「施行日前に生じた
旧法第471条に規定する記名式所持人払債権（その原因である法律行為が施行日
前にされたものを含む。）」については、なお従前の例によると規定している。
これは、既存の（旧法による）法律関係に対する当事者の信頼を保護するため、
これまでに扱っていたのと同じように扱うという意味であり、施行日より前に
生じた記名式所持人払債権（その原因である法律行為が施行日前にされたものを
含む）については、新法520条の13から新法520条の17までの規定は適用されな
い。

　その趣旨は、一般に、取引の当事者等は、法律行為をした時点において適用
している法令の規定がその意思表示について適用されると考えるのが通常であ

るところ、当該法律行為に対して法令が適用された結果形成される権利関係等についての当事者の予測を害さないためには、施行日以後にされた法律行為に対してのみ新法を適用することが適切という点にある。

本条の概要を表にすると、以下のとおり。

| | 経過措置の基準となる事実 | 適用される法律の規定 |
|---|---|---|
| 旧法 | 記名式所持人払債権が生じたのが令和2年4月1日前（その原因である法律行為が令和2年4月1日前にされたものを含む） | 471条 |
| 新法 | 記名式所持人払債権が生じたのが令和2年4月1日以後（その原因である法律行為が令和2年4月1日前にされたものを除く） | 520条の13〜520条の17 |

### 3　実務への影響

記名式所持人払債権に関する改正は、基本的に実質的変更ではない（規定を整理統合したものである）から、実務に対する影響はないと思われる。ただし、時期によって根拠条文が異なるため、経過措置について理解する必要はある。

---

（弁済に関する経過措置）
第25条
1　施行日前に債務が生じた場合におけるその債務の弁済については、次項に規定するもののほか、なお従前の例による。
2　施行日前に弁済がされた場合におけるその弁済の充当については、新法第488条から第491条までの規定にかかわらず、なお従前の例による。

---

## ◆解説

### 1　趣旨

本条1項は、債務の弁済に関する経過措置の原則を定めている。

本条2項は、同種の給付を目的とする数個の債務がある場合の充当に関する新法488条から、数個の給付をすべき場合の充当に関する新法491条までの経過措置を定めている。

## 2 内容

**（1） 弁済に関する経過措置①**　本条1項は、債務の弁済（弁済の充当に関する規律を除く）に関する経過措置として、「施行日前に債務が生じた場合」におけるその債務の弁済については、なお従前の例によると規定している。そして、附則17条1項により、「施行日前に債務が生じた場合」には、施行日以後に債務が生じた場合であって、その原因である法律行為が施行日より前にされたときを含む。なお、弁済の充当については、本条2項が規定している。

**(a)　弁済に関する主な改正内容**　債務の弁済（弁済の充当に関する規律を除く）については、旧法474条から旧法486条まで、および、新法473条から新法486条までが規定している。そのポイントは、①弁済をしたときは債権が消滅することを明文化したこと、②第三者の弁済について正当な利益を有することを要件化し、正当な利益を有しない第三者は債務者の意思に反して弁済できないことを原則としつつ、例外を定め、債権者が受領拒絶できる場合を明文化したこと、③預貯金口座を通じた振込みによってする弁済について規定を新設したこと、④受領権者以外の者であっても取引上の社会通念に照らして受領権者としての外観を有するものに対する弁済に関する規定を整備したこと、⑤代物弁済について諾成契約であることを明確化したこと、⑥弁済供託・弁済による代位・一部弁済による代位の規律を見直したこと、および、⑦いわゆる担保保存義務を明文化したことにある（QA113〜115頁、一問一答186〜189頁・192〜199頁）。

　具体的には、「第三者の弁済」、「受領権者としての外観を有する者に対する弁済」、「代物弁済」、「特定物の現状による引渡し」、「弁済すべき時間」、「預貯金口座への振込みによる弁済」、「自助売却」、「任意代位の要件」、「複数の保証人間における求償と代位」、「保証人・物上保証人と第三取得者の代位関係」、「第三取得者または物上保証人からの譲受人の地位」、「一部弁済による代位」、「担保保存義務」等の論点が問題になる（BA290〜301頁・303〜319頁）。

**(b)　弁済に関する原則的な経過措置**　本条1項は、「施行日前に債務が生じた場合」（附則17条1項により、「施行日以後に債務が生じた場合であって、その原因である法律行為が施行日前にされたときを含む」）におけるその債務の弁済については、なお従前の例によると規定している。これは、既存の（旧法による）法律関係に対する当事者の信頼を保護するため、これまでに扱っていたのと同じように扱うという意味であり、施行日より前に債務が生じた場合（施行

日以後に債務が生じた場合であって、その原因である法律行為が施行日より前にされたときを含む）におけるその債務の弁済については、新法473条から新法486条までの規定は適用されない。

　その趣旨は、施行日より前に債務が生じた場合について新法を適用すると、当事者（債権者および債務者）の予測可能性を害する結果となるため、施行日以後に債務が生じた場合（かつ、その原因である法律行為が施行日以後にされた場合）についてのみ新法473条から新法486条までの規定を適用することが適切という点にある。

　本条1項の概要を表にすると、以下のとおり。

| | 経過措置の基準となる事実 | 適用される法律の規定 |
|---|---|---|
| 旧法 | 債務が生じたのが令和2年4月1日前（その原因である法律行為が令和2年4月1日前にされたときを含む） | 474条〜486条 |
| 新法 | 債務が生じたのが令和2年4月1日以後（その原因である法律行為が令和2年4月1日前にされたときを除く） | 473条〜486条 |

**（2）　弁済に関する経過措置②**　　本条2項は、新法488条から新法491条までに関する経過措置として、「施行日前に弁済がされた場合」におけるその弁済の充当については、なお従前の例によると規定している。

　**(a)　弁済の充当に関する改正内容**　　この改正のポイントは、弁済の充当が問題となる場面を整理し、規定相互の適用関係を明確にしたことにある（BA302〜303頁、一問一答190〜191頁）。

　**(b)　弁済の充当に関する経過措置**　　本条2項は、「施行日前に弁済がされた場合」におけるその弁済の充当については、なお従前の例によると規定している。これは、既存の（旧法による）法律関係に対する当事者の信頼を保護するため、これまでに扱っていたのと同じように扱うという意味であり、施行日より前に弁済がされた場合におけるその弁済の充当については、新法488条から新法491条までの規定は適用されない。

　その趣旨は、当事者は弁済行為をした時点において適用している法令の規定がその充当について適用されると考えるのが通常であるところ、当事者の予測を害さないためには、施行日以後に弁済がされた場合の充当についてのみ新法488条から新法491条までの規定を適用することが適切という点にある。

　本条が、債務の発生時を基準とせず、弁済時を基準としている理由について、一問一答380頁は、「弁済の充当は、複数の債務との関係で問題となるものであることから、単純に債務が生じた時点を新法適用の基準時とすると、例えば施行日前に生じたA債務と施行日以後に生じたB債務との間で弁済の充当が問題となる場合には、旧法と新法のいずれが適用されるのかが定まらないこととなる。そこで、施行日前に弁済がされた場合については、旧法を適用している（附則25条2項）」と指摘している。

　本条2項の概要を表にすると、以下のとおり。

| | 経過措置の基準となる事実 | 適用される法律の規定 |
|---|---|---|
| 旧法 | 弁済をしたのが令和2年4月1日前 | 488条〜491条 |
| 新法 | 弁済をしたのが令和2年4月1日以後 | 488条〜491条 |

## 3　実務への影響

　弁済に関する改正は、従来の規律を変更するものであり、実務に影響する。そのため、適用条文に応じた経過措置の基準となる事実が生じた時期について注意する必要がある。

---

（相殺に関する経過措置）
第26条
1　施行日前にされた旧法第505条第2項に規定する意思表示については、なお従前の例による。
2　施行日前に債権が生じた場合におけるその債権を受働債権とする相殺については、新法第509条の規定にかかわらず、なお従前の例による。
3　施行日前の原因に基づいて債権が生じた場合におけるその債権を自働債権とする相殺（差押えを受けた債権を受働債権とするものに限る。）については、新法第511条の規定にかかわらず、なお従前の例による。
4　施行日前に相殺の意思表示がされた場合におけるその相殺の充当については、新法第512条及び第512条の2の規定にかかわらず、なお従前の例による。

## ◆解説

### 1　趣旨

　本条1項は、相殺の要件等に関する経過措置を定めている。

　本条2項は、不法行為等により生じた債権を受働債権とする相殺の禁止に関する経過措置を定めている。

　本条3項は、差押えを受けた債権を受働債権とする相殺の禁止に関する経過措置を定めている。

　本条4項は、相殺の充当に関する経過措置を定めている。

### 2　内容

**（1）　相殺に関する経過措置①**　　本条1項は、旧法505条2項に関する経過措置として、「施行日前にされた旧法第505条第2項に規定する意思表示」については、なお従前の例によると規定している。

　**（a）　相殺の要件等に関する改正内容**　　旧法505条2項ただし書は、相殺禁止の意思表示について善意の第三者に対抗できないとしていた。これに対し、新法505条2項は、相殺を禁止または制限する意思表示を対抗できるのは第三者が悪意または重過失の場合としており、善意でも重過失がある第三者には相殺禁止等の意思表示を対抗できることが明確にされた（QA116〜117頁、一問一答200頁）。具体的には、「相殺適状および相殺制限特約」等の論点が問題になる（BA320〜321頁）。

　**（b）　相殺の要件等に関する経過措置**　　本条1項は、「施行日前にされた旧法第505条第2項に規定する意思表示」については、なお従前の例によると規定している。これは、既存の（旧法による）法律関係に対する当事者の信頼を保護するため、これまでに扱っていたのと同じように扱うという意味であり、施行日より前にされた旧法505条2項に規定する意思表示（相殺制限特約）については、新法505条2項までの規定は適用されない。

　その趣旨は、一般に、取引の当事者等は、意思表示をした時点において適用している法令の規定がその意思表示について適用されると考えるのが通常であるところ、当事者の予測を害さないためには、施行日以後にされた意思表示に対してのみ新法505条2項を適用することが適切という点にある。

　この点については、一問一答388頁における、「相殺制限特約に関する規定（新505条2項）については、債務者の予測・期待の保護という基本的な考え方

に従い、相殺制限特約が付された時を新法適用の基準時としている（附則26条1項）」という記載が参考になる。

　本条1項の概要を表にすると、以下のとおり。

|  | 経過措置の基準となる事実 | 適用される法律の規定 |
|---|---|---|
| 旧法 | 相殺制限特約をしたのが令和2年4月1日前 | 505条2項 |
| 新法 | 相殺制限特約をしたのが令和2年4月1日以後 | 505条2項 |

**（2）　相殺に関する経過措置②**　　本条2項は、新法509条に関する経過措置として、「施行日前に債権が生じた場合」におけるその債権を受働債権とする相殺については、なお従前の例によると規定している。

　⒜　**不法行為等により生じた債権を受働債権とする相殺の禁止に関する改正内容**　　新法509条は、不法行為等により生じた債権を受働債権とする相殺の禁止について定めている。この改正のポイントは、不法行為債権を受働債権とする相殺を一定の場合に容認したことにある（QA116〜118頁、一問一答200〜203頁）。

　具体的には、「生命・身体侵害による不法行為債権と相殺禁止」、「悪意による不法行為債権と相殺禁止」等の論点が問題になる（BA322〜325頁）。

　⒝　**不法行為等により生じた債権を受働債権とする相殺の禁止に関する経過措置**　　本条2項は、「施行日前に債権が生じた場合」におけるその債権を受働債権とする相殺については、なお従前の例によると規定している。これは、既存の（旧法による）法律関係に対する当事者の信頼を保護するため、これまでに扱っていたのと同じように扱うという意味であり、施行日より前に債権が生じた場合におけるその債権を受働債権とする相殺については、新法509条は適用されない。

　その趣旨は、当事者（特に不法行為等の被害者）の予測可能性を害さないためには、施行日以後に不法行為債権等が生じた場合についてのみ新法509条を適用することが適切という点にある。

　この点については、部会資料85・4頁における、「相殺に関する規定のうち、不法行為債権等を受働債権とする相殺の禁止に関する規定については、施行日以後に不法行為債権等が生じた場合について改正後の民法の規定を適用し、施

行日前に不法行為債権等が生じた場合についてはなお従前の例によるとする考え方があり得る。施行日前に不法行為債権等が生じた場合について改正後の民法を適用すると、当事者（特に不法行為等の被害者）の予測可能性を害する結果となること等によるものである」という記載が参考になる。

本条2項の概要を表にすると、以下のとおり。

| | 経過措置の基準となる事実 | 適用される法律の規定 |
|---|---|---|
| 旧法 | 受働債権が生じたのが令和2年4月1日前 | 509条 |
| 新法 | 受働債権が生じたのが令和2年4月1日以後 | 509条 |

**（3）相殺に関する経過措置③**　　本条3項は、新法511条に関する経過措置として、「施行日前の原因に基づいて債権が生じた場合」におけるその債権を自働債権とする相殺（差押えを受けた債権を受働債権とするものに限る）については、なお従前の例によると規定している。

　(a)　**差押えを受けた債権を受働債権とする相殺の禁止に関する改正内容**

　　新法511条1項は、差押えを受けた債権を受働債権とする相殺の禁止について定めている。この改正のポイントは、①差押え前に取得した債権を自働債権とするのであれば相殺を対抗できるという見解（無制限説）を採用したこと、および、②差押え後に取得した債権であっても、差押え前の原因に基づいて生じた場合であれば同様としたことにある（QA119〜122頁、一問一答200〜201頁）。具体的には、「差押えと相殺」、「差押え前の原因により差押え後に取得した債権と相殺」等の論点が問題になる（BA326〜329頁）。

　(b)　**差押えを受けた債権を受働債権とする相殺の禁止に関する経過措置**

　　本条3項は、「施行日前の原因に基づいて債権が生じた場合」におけるその債権を自働債権とする相殺（差押えを受けた債権を受働債権とするものに限る）については、なお従前の例によると規定している。これは、既存の（旧法による）法律関係に対する当事者の信頼を保護するため、これまでに扱っていたのと同じように扱うという意味であり、施行日より前の原因に基づいて債権が生じた場合におけるその債権を自働債権とする相殺（差押えを受けた債権を受働債権とするものに限る）については、新法511条は適用されない。

　　その趣旨は、自働債権の原因が生じた時点で相殺の期待が生じるという基本

的な考え方を及ぼすことが合理的という点にある。

　この点については、一問一答382頁における、「差押えを受けた債権を受働債権とする相殺（新法511条）に関する経過措置においては、施行日前の原因に基づいて自働債権が生じた場合については旧法を適用している（附則26条3項）。差押えを受けた債権を受働債権とする相殺については、相殺をする者（自働債権の債権者）が、自働債権の原因が生じた時点で、その時点における法律が適用されると予測し期待するのが通常であり、その期待を保護する必要があるからである」という記載が参考になる。また、部会資料85・4頁においても、「支払の差止めを受けた債権を受働債権とする相殺の禁止に関する規定については、施行日以後の原因に基づいて自働債権が生じた場合について改正後の民法の規定を適用し、施行日前の原因に基づいて自働債権が生じた場合についてはなお従前の例によるとする考え方があり得る。自働債権の原因が生じた時点で相殺の期待が生じるという基本的な考え方を踏まえ、法令の適用についても同様の基準を採用するのが合理的であると考えられること等によるものである」と指摘されていた。

　本条3項の概要を表にすると、以下のとおり。

| | 経過措置の基準となる事実 | 適用される法律の規定 |
|---|---|---|
| 旧法 | 自働債権の原因が生じたのが令和2年4月1日前 | 511条 |
| 新法 | 自働債権の原因が生じたのが令和2年4月1日以後 | 511条 |

**（4）　相殺に関する経過措置④**　　本条4項は、新法512条および新法512条の2に関する経過措置として、「施行日前に相殺の意思表示がされた場合」におけるその相殺の充当については、なお従前の例によると規定している。

　(a)　**相殺の充当に関する改正内容**　　新法512条および新法512条の2は、相殺の充当について定めている。この改正のポイントは、相殺の充当が問題となる場面を整理し、規定相互の適用関係を明確にしたことにある（QA118頁、BA330～331頁、一問一答206～207頁）。

　(b)　**相殺の充当に関する経過措置**　　本条4項は、「施行日前に相殺の意思表示がされた場合」におけるその相殺の充当については、なお従前の例によると規定している。これは、既存の（旧法による）法律関係に対する当事者の信

頼を保護するため、これまでに扱っていたのと同じように扱うという意味であり、施行日より前に相殺の意思表示がされた場合におけるその相殺の充当については、新法512条および新法512条の2は適用されない。

その趣旨は、当事者は相殺の意思表示をした時点において適用している法令の規定がその充当について適用されると考えるのが通常であるところ、当事者の予測を害さないためには、施行日以後に相殺の意思表示がされた場合の充当についてのみ新法512条および新法512条の2を適用することが適切という点にある。

この点については、一問一答380頁において、弁済の充当に関する記述（附則25条2項参照）に続けて、「相殺の充当も同様の問題があることから、施行日前に相殺の意思表示がされた場合については、旧法を適用している（附則26条4項）」という記載があり、参考になる。このことは、相殺の充当は、複数の債務との関係で問題となるものであることから、単純に債務が生じた時点を新法適用の基準時とすると、例えば、施行日より前に生じたA債務と施行日以後に生じたB債務との間で相殺の充当が問題となる場合には、旧法と新法のいずれが適用されるのかが定まらないこととなるため、施行日より前に相殺の意思表示がされた場合については、旧法を適用していることを意味する。

本条4項の概要を表にすると、以下のとおり。

|  | 経過措置の基準となる事実 | 適用される法律の規定 |
|---|---|---|
| 旧法 | 相殺の意思表示がされたのが令和2年4月1日前 | 512条 |
| 新法 | 相殺の意思表示がされたのが令和2年4月1日以後 | 512条、512条の2 |

## 3 実務への影響

相殺に関する改正は、従来の規律を変更するものであり、実務に影響する。そのため、適用条文に応じた経過措置の基準となる事実が生じた時期について注意する必要がある。

> （更改に関する経過措置）
> 第27条
> 施行日前に旧法第513条に規定する更改の契約が締結された更改については、なお従前の例による。

## ◆解説

### 1　趣旨

　本条は、更改に関する経過措置を定めている。

### 2　内容

**（1）　更改に関する改正内容**　　更改については、旧法513条から旧法518条まで、および、新法513条から新法518条までが定めている。この改正のポイントは、①更改の要件を明確化したこと、②債務者の交替による更改の要件を見直したこと、および、③更改後の債務への担保の移転の規律を見直したことにある（一問一答208〜209頁）。

　具体的には、「債務者の交替による更改」、「更改の効力と旧債務の帰趨」、「更改後の債務への担保の移転」等の論点が問題になる（BA332〜337頁）。

**（2）　更改に関する経過措置**　　本条は、「施行日前に旧法第513条に規定する更改の契約が締結された更改」については、なお従前の例によると規定している。

　これは、既存の（旧法による）法律関係に対する当事者の信頼を保護するため、これまでに扱っていたのと同じように扱うという意味であり、施行日より前に旧法513条に規定する更改の契約が締結された更改については、新法513条から新法518条までは適用されない。

　その趣旨は、一般に、取引の当事者等は、意思表示をした時点において適用している法令の規定がその意思表示について適用されると考えるのが通常であるところ、更改の契約の当事者の予測を害さないためには、施行日以後に契約が締結された場合についてのみ新法513条から新法518条までを適用することが適切という点にある。

　本条の概要を表にすると、次のとおり。

| | 経過措置の基準となる事実 | 適用される法律の規定 |
|---|---|---|
| 旧法 | 更改の契約が締結されたのが令和 2 年 4 月 1 日前 | 513条～518条 |
| 新法 | 更改の契約が締結されたのが令和 2 年 4 月 1 日以後 | 513条～515条、518条 |

### 3　実務への影響

更改に関する改正は、従来の規律を変更するものであり、実務に影響する。そのため、適用条文に応じた経過措置の基準となる事実が生じた時期について注意する必要がある。

---

（有価証券に関する経過措置）
**第28条**
**新法第520条の 2 から第520条の20までの規定は、施行日前に発行された証券については、適用しない。**

---

### ◆解説

### 1　趣旨

本条は、有価証券に関する経過措置を定めている。

### 2　内容

**（1）　有価証券に関する改正内容**　　新法520条の 2 から新法520条の20までは、有価証券（指図証券、記名式所持人払証券、その他の記名債権、および、無記名証券）について定めている。

これは、旧法および旧商法等に分散していた規定を、有価証券に関する規定として整理統合する改正によるものである。このことは、「旧法等にあった関連規定をいったん全て削除した上で、その実質的な内容について一部は修正・追加をしつつも、基本的にはこれを維持し、一体的な有価証券に関する規定を民法中に新設している（新法 3 編 1 章 7 節）」と説明された。新法では、「有価証券を、記名証券と無記名証券とに分類した上で、記名証券を更に①指図証券、②記名式所持人払証券、③その他の記名証券に細分化している」（一問一答210～213頁）。

（2）　有価証券に関する経過措置　　本条は、「施行日前に発行された証券」
については、新法520条の2から新法520条の20までを適用しないと規定してい
る。なお、無記名債権に関する経過措置については附則4条、記名式所持人払
債権に関する経過措置については附則24条が定めている。

　その趣旨は、一般に、取引の当事者等は、法律行為をした時点において適用
している法令の規定がその意思表示について適用されると考えるのが通常であ
るところ、当該法律行為に対して法令が適用された結果として形成される権利
関係等についての当事者の予測を害さないためには、施行日以後にされた法律
行為に対してのみ新法を適用することが適切という点にある。

　本条の概要を表にすると、以下のとおり。

|  | 経過措置の基準となる事実 | 適用される法律の規定 |
|---|---|---|
| 旧法 | 有価証券が生じたのが令和2年4月1日前（その原因となる法律行為が令和2年4月1日前にされた場合を含む） | 86条3項、471条 |
| 新法 | 有価証券が生じたのが令和2年4月1日以後（その原因となる法律行為が令和2年4月1日前にされた場合を除く） | 520条の2〜520条の20 |

## 3　実務への影響

　有価証券に関する改正は、基本的に実質的変更ではない（規定を整理統合し
たものである）から、実務に対する大きな影響はないと思われる。ただし、時
期によって根拠条文が異なるため、経過措置について理解する必要はある。

（契約の成立に関する経過措置）
第29条
1　施行日前に契約の申込みがされた場合におけるその申込み及びこれに
　対する承諾については、なお従前の例による。
2　施行日前に通知が発せられた契約の申込みについては、新法第526条
　の規定にかかわらず、なお従前の例による。
3　施行日前にされた懸賞広告については、新法第529条から第530条まで
　の規定にかかわらず、なお従前の例による。

# ◆解説

## 1　趣旨

本条1項は、契約の成立等に関する経過措置を定めている。

本条2項は、申込者の死亡等に関する経過措置を定めている。

本条3項は、懸賞広告に関する経過措置を定めている。

## 2　内容

**（1）　契約の成立等に関する経過措置①**　　本条1項は、契約の成立に関する経過措置として、「施行日前に契約の申込みがされた場合」におけるその申込みおよびこれに対する承諾については、なお従前の例によると規定している。当事者の予測を害さないためである。

　**（a）　契約の成立に関する改正内容**　　契約の成立については、旧法521条から旧法525条まで、および、新法521条から新法525条までが定めている。この改正のポイントは、①契約自由の原則に関する規定を新設したこと、②対話者に対して承諾の期間を定めないでした契約の申込みに関する規定を設けたことにある（一問一答214〜218頁）。具体的には、「承諾の延着」等が問題になる（BA338〜339頁）

　新法522条2項が、「契約の成立には、法令に特別の定めがある場合を除き、書面の作成その他の方式を具備することを要しない」と規定することについては、①「その一方で、今回の改正では、それまでの保証契約（民法446条2項・3項、民法465条の2第3項）に加え、消費貸借契約において、要物契約ではなく諾成主義を基礎に据えた消費貸借（伝統的には、諾成的消費貸借といわれてきたもの）につき書面要件が導入されたほか（民法587条の2〔書面でする消費貸借〕）、書面に一定の意味を与えている贈与契約（民法550条〔書面によらない贈与〕）以外でも、諾成契約へと改まった使用貸借契約と寄託契約において、書面でした契約についての特有の規律が設けられた（使用貸借につき、民法593条の2但書〔書面による使用貸借〕。寄託につき、民法657条の2第2項但書〔書面による寄託〕）。その結果として、全体として見れば、契約の書面化を進める傾向がみられる。このような状況に鑑みれば、方式の自由と方式要件の強化は……基本に立ち戻ってその意味を確認することに意義があると言える。そもそも、歴史を振り返れば、法律行為の分野における当事者による自由かつ自律的な規範形成と、立法者により定式化された枠組の遵守の要請との間の対立と調整の在り方が、

方式の自由と方式の強制という対立軸の中で、通時的に問われている。そして、その処理が、それぞれの時代と地域における民法と民法学の立ち位置に少なからぬ影響を及ぼしている。わが国における今回の債権法改正も、その例外ではない」（潮見佳男「方式の自由と方式要件の強化」民法学Ⅲ2頁）、②「『当事者間に別段の合意がある場合というのを一つ一つ明記する』ことへの法制執務上の疑義による……結果として、『何人も、法令に特別の定めがある場を除き、契約するかどうかを自由に決定することができる。』ことと『契約の当事者は法令の制限内において、契約の内容を自由に決定することができる。』ことが強行法規であるのに対して、『契約の成立には、法令に特別の定めがある場合を除き、書面の作成その他の方式を具備することを要しない。』ことが任意法規であるということが見えにくくなっている。当事者の合意で書面その他の方式を契約成立の要件とすることは禁じられないという任意法規性が……わかりやすく示される必要があったと考えれば……方式自由に関する規定が任意法規であることを条文上で積極的に書く意義は少なくなかったように思われる」（潮見佳男「方式の自由と方式要件の強化」民法学Ⅲ32頁）という指摘が重要である。

　(b)　**契約の成立に関する経過措置**　本条1項は、「施行日前に契約の申込みがされた場合」におけるその申込みおよびこれに対する承諾については、なお従前の例によると規定している。これは、既存の（旧法による）法律関係に対する当事者の信頼を保護するため、これまでに扱っていたのと同じように扱うという意味であり、施行日より前に契約の申込みがされた場合におけるその申込みおよびこれに対する承諾については、新法521条から新法525条までは適用されない。

　その趣旨は、契約の当事者は契約の申込みがされた時点において通用している法令の規定が適用されると考えるのが通常であるところ、施行日より前に契約の申込みがされた場合について新法を適用すると当事者の予測可能性を害するため、施行日以後に契約の申込みがされた場合にのみ新法521条から新法525条までを適用することが適切という点にある。

　本条1項の概要を表にすると、次のとおり。

|      | 経過措置の基準となる事実 | 適用される法律の規定 |
|------|------------------------|----------------------|
| 旧法 | 契約の申込みをしたのが令和2年4月1日前 | 521条〜525条 |
| 新法 | 契約の申込みをしたのが令和2年4月1日以後 | 521条〜525条 |

**（2）　契約の成立等に関する経過措置②**　　本条2項は、新法526条に関する経過措置として、「施行日前に通知が発せられた契約の申込み」については、なお従前の例によると規定している。

　(a)　**申込者の死亡等に関する改正内容**　　新法526条は、申込者の死亡等について定めている。この改正のポイントは、①申込者が死亡等した場合の意思表示の効力に関する規定を見直したこと、および、②隔地者間の契約についても到達主義によるとしたことにある（一問一答219〜222頁）。

　具体的には、「申込者の能力喪失」、「注文に応じた商品の発送」等が問題になる（BA340〜343頁）。

　(b)　**申込者の死亡等に関する経過措置**　　本条2項は、「施行日前に通知が発せられた契約の申込み」については、なお従前の例によると規定している。これは、既存の（旧法による）法律関係に対する当事者の信頼を保護するため、これまでに扱っていたのと同じように扱うという意味であり、施行日より前については、新法526条は適用されない。

　その趣旨は、契約の当事者は契約の申込みがされた時点において通用している法令の規定が適用されると考えるのが通常であるところ、施行日より前に通知が発せられた契約の申込みについて新法を適用すると当事者の予測可能性を害するため、施行日以後に通知が発せられた契約の申込みにのみ新法526条を適用することが適切という点にある。

　本条2項の概要を表にすると、以下のとおり。

|      | 経過措置の基準となる事実 | 適用される法律の規定 |
|------|------------------------|----------------------|
| 旧法 | 契約の申込みの通知を発したのが令和2年4月1日前 | 526条 |
| 新法 | 契約の申込みの通知を発したのが令和2年4月1日以後 | 526条 |

（3）　契約の成立等に関する経過措置③　　本条3項は、懸賞広告に関する経過措置として、「施行日前にされた懸賞広告」については、なお従前の例によると規定している。

　(a)　懸賞広告に関する改正内容　　懸賞広告については、旧法529条および旧法530条、ならびに、新法529条から新法530条までが定めている。この改正のポイントは、①懸賞広告者の報酬付与義務の発生要件を明確化したこと、②懸賞広告の撤回の可否および効果を見直したこと、および、③懸賞広告の撤回の報告の方法を見直したことにある（一問一答223〜224頁）。

　(b)　懸賞広告に関する経過措置　　本条3項は、「施行日前にされた懸賞広告」については、なお従前の例によると規定している。これは、既存の（旧法による）法律関係に対する当事者の信頼を保護するため、これまでに扱っていたのと同じように扱うという意味であり、施行日より前にされた懸賞広告については、新法529条から新法530条までは適用されない。

　その旧法による（新法を適用しない）趣旨は、懸賞広告の当事者はそれを始めた時点において通用している法令の規定が適用されると考えるのが通常であるため、施行日より前にされた懸賞広告について新法を適用すると当事者の予測可能性を害するため、施行日以後にされた懸賞広告にのみ新法529条から新法530条までを適用することが適切という点にある。

　本条3項の概要を表にすると、以下のとおり。

| | 経過措置の基準となる事実 | 適用される法律の規定 |
|---|---|---|
| 旧法 | 懸賞広告をしたのが令和2年4月1日前 | 529条、530条 |
| 新法 | 懸賞広告をしたのが令和2年4月1日以後 | 529条〜530条 |

## 3　実務への影響

　契約の成立等に関する改正は、従来の規律を変更するものであり、実務に影響する。そのため、適用条文に応じた経過措置の基準となる事実が生じた時期について注意する必要がある。

> **（契約の効力に関する経過措置）**
> **第30条**
> **1　施行日前に締結された契約に係る同時履行の抗弁及び危険負担については、なお従前の例による。**
> **2　新法第537条第2項及び第538条第2項の規定は、施行日前に締結された第三者のためにする契約については、適用しない。**

## ◆解説

### 1　趣旨

　本条1項は、同時履行の抗弁、および、危険負担に関する経過措置を定めている。

　本条2項は、第三者のためにする契約、および、第三者の権利の確定に関する経過措置を定めている。

### 2　内容

**（1）　契約の効力に関する経過措置①**　　本条1項は、同時履行の抗弁および危険負担に関する経過措置として、「施行日前に締結された契約に係る同時履行の抗弁及び危険負担」については、なお従前の例によると規定している。

　**(a)　同時履行の抗弁に関する改正内容**　　同時履行の抗弁については、旧法533条および新法533条が規定しており、危険負担については、旧法534条から旧法536条まで、および、新法536条が規定している。この改正のポイントは、①同時履行の抗弁に関しては、一般的な解釈を明確にするため「債務の履行に代わる損害賠償の債務の履行を含む」という文言を加えたこと、および、②危険負担については、債権者主義の規定（旧法534条・535条）を削除し、危険負担の効果を反対給付債務の履行拒絶権の付与に改めたことにある（QA132〜135頁、一問一答225〜229頁）。具体的には、「危険負担と反対給付の履行拒絶」等が問題になる（BA154〜155頁）。

　**(b)　危険負担に関する改正内容**　　旧法534条および旧法535条の削除は、危険負担の債権者主義によった場合の帰結が不当であるという批判を受けたものである。これまでは契約当事者間の合意により修正するなどしていたが、今後は、特約がなくても適切な解決が容易になる。

　新法においては、契約の解除に債務者の帰責性が不要とされた（新法541条〜

543条）。そのため、解除と危険負担を、帰責性の有無によって区別することはできない。そこで、新法は、危険負担を債権者の履行拒絶権と構成しており、債権者は、解除権不可分により解除できない場合（民法544条）、大災害時に解除の意思表示が到達不能の場合でも、債務の履行を拒否できることとした。

(c) 同時履行の抗弁・危険負担に関する経過措置　本条1項は、「施行日前に締結された契約に係る同時履行の抗弁及び危険負担」については、なお従前の例によると規定している。これは、既存の（旧法による）法律関係に対する当事者の信頼を保護するため、これまでに扱っていたのと同じように扱うという意味であり、施行日より前に締結された契約に係る同時履行の抗弁および危険負担については、新法533条および新法536条は適用されない。

その趣旨は、契約の当事者は契約の申込みがされた時点において通用している法令の規定が適用されると考えるのが通常であるところ、施行日より前に締結された契約について新法を適用すると当事者の予測可能性を害するため、施行日以後に締結された契約にのみ新法533条および新法536条を適用することが適切という点にある。

本条1項の概要を表にすると、以下のとおり。

| | 経過措置の基準となる事実 | 適用される法律の規定 |
|---|---|---|
| 旧法 | 契約を締結したのが令和2年4月1日前 | 533条〜536条 |
| 新法 | 契約を締結したのが令和2年4月1日以後 | 533条、536条 |

**（2）　契約の効力に関する経過措置②**　本条2項は、新法537条2項および新法538条2項に関する経過措置として、「施行日前に締結された第三者のためにする契約」については、なお従前の例によると規定している。

(a) 第三者のためにする契約に関する改正内容　この改正のポイントは、①第三者のためにする契約は第三者が現存しないとき等でも有効であること、および、②第三者の権利が発生した後の解除については第三者の承諾を得る必要があることにある（BA344〜345頁、一問一答230頁）。

(b) 第三者のためにする契約に関する経過措置　本条2項は、「施行日前に締結された第三者のためにする契約」については、なお従前の例によると規定している。これは、既存の（旧法による）法律関係に対する当事者の信頼を保護するため、これまでに扱っていたのと同じように扱うという意味であり、

施行日より前に締結された第三者のためにする契約については、新法537条2項および新法538条2項は適用されない。

　その趣旨は、契約の当事者は契約を締結した時点において通用している法令の規定が適用されると考えるのが通常であるところ、施行日より前に締結された契約について新法を適用すると当事者の予測可能性を害するため、施行日以後に締結された契約にのみ新法537条2項および新法538条2項を適用することが適切という点にある。

　本条2項の概要を表にすると、以下のとおり。

| | 経過措置の基準となる事実 | 適用される法律の規定 |
|---|---|---|
| 旧法 | 第三者のためにする契約を締結したのが令和2年4月1日前 | なし |
| 新法 | 第三者のためにする契約を締結したのが令和2年4月1日以後 | 537条2項、538条2項 |

### 3　実務への影響

　契約の効力等に関する改正は、従来の規律を変更するものであり、実務に影響する。そのため、適用条文に応じた経過措置の基準となる事実が生じた時期について注意する必要がある。

---

（契約上の地位の移転に関する経過措置）
第31条
新法第539条の2の規定は、施行日前にされた契約上の地位を譲渡する旨の合意については、適用しない。

---

### ◆解説

### 1　趣旨

　本条は、契約上の地位の移転に関する経過措置を定めている。

### 2　内容

### （1）　契約上の地位の移転に関する改正内容　　新法539条の2は、契約上の地位の移転について規定している。この改正のポイントは、この改正のポイントは、旧法には契約上の地位の譲渡の要件・効果について規定がなかったとこ

ろ、判例を参考として明文化したことにある（BA288〜289頁、一問一答231頁）。

（2）　**契約上の地位の移転に関する経過措置**　　本条は、「施行日前にされた契約上の地位を譲渡する旨の合意」については、新法539条の2を適用しないと規定している。

　その趣旨は、法律行為の当事者は、当該行為をした時点において通用している法令の規定が適用されると考えるのが通常であるところ、施行日より前にされた契約上の地位を譲渡する旨の合意について新法を適用すると当事者の予測可能性を害するため、施行日以後にされた契約上の地位を譲渡する旨の合意にのみ新法539条の2を適用することが適切という点にある。

　本条の概要を表にすると、以下のとおり。

| | 経過措置の基準となる事実 | 適用される法律の規定 |
|---|---|---|
| 旧法 | 契約上の地位の譲渡を合意したのが令和2年4月1日前 | なし |
| 新法 | 契約上の地位の譲渡を合意したのが令和2年4月1日以後 | 539条の2 |

## 3　実務への影響

　契約上の地位の移転に関する改正は、基本的には実質的変更ではない（従来の解釈を明文化したものである）から、実務に対する大きな影響はないと思われる。ただし、判例と異なる規律とされた部分もあり、新法が根拠規定となる時期について理解する必要はある。

---

（契約の解除に関する経過措置）
第32条
施行日前に契約が締結された場合におけるその契約の解除については、新法第541条から第543条まで、第545条第3項及び第548条の規定にかかわらず、なお従前の例による。

---

## ◆解説

### 1　趣旨

　本条は、契約の解除に関する経過措置を定めている。

## 2 内容

### (1) 契約の解除に関する改正内容

新法541条は催告による解除、新法542条1項は催告によらない解除、新法543条は債権者の責めに帰すべき事由による場合、新法545条3項は解除の効果としての果実の返還、新法548条は解除権者の故意による目的物の損傷等による解除権の消滅について規定している。この改正のポイントは、①催告解除の原則を維持し、軽微な債務不履行が解除原因とならないことを明文化したこと、②契約目的達成不能の場合に無催告解除を認め、債務の一部履行不能等の場合に催告せずに一部解除を認めると明らかにしたこと、および、③契約の解除について債務者の帰責事由を不要としたことにある（QA125～131頁、一問一答232～239頁）。具体的には、「催告解除の原則」、「催告解除の例外的否定」、「無催告解除」、「一部不能等による解除」、「確定的履行拒絶と解除」、「売買契約の目的達成不能と解除」、「賃貸借契約の目的達成不能と解除」、「付随的義務の違反と解除」、「債権者の責めに帰すべき事由による債務不履行と解除」、「解除の場合の果実・使用利益の返還」、「解除権の消滅」等が問題になる（BA132～153頁）。

解除規定の位置付けについては、「解除に関する規律が契約総則一本で規律されることになって、契約類型ごとの特則が基本的にはなくなった。それによって、かえって特徴のある契約類型ごとの解除の要件が、包括規定である541条、542条で解決しなければならなくなった。その結果、541条、542条の解釈問題が広がり、そこに負荷がかかるという、改正法による新たな問題が生じているのかなと思います」（実務課題358頁：中井康之発言）と指摘されている。

### (a) 催告解除

催告解除については、旧法541条の表現を維持した上で、ただし書において、「債務の不履行がその契約及び取引上の社会通念に照らして軽微であるとき」に解除は認めないと明記した。これは、数量的にわずかな不履行や付随的義務違反など軽微な債務の不履行が解除原因とはならないとしつつ、債務不履行の軽微性については債務者が立証責任を負うことを示している。この点については、「『軽微』といっても我々が漠然とイメージする『軽微』に限らない場合があって、『契約をした目的』を達成できないという場合との違いは相対化していくということが必要だろうと思います。付随的義務の違反については解除は認められない、といった判例だけを見て、『軽微』の解釈を硬直的にすることはせず、もう少し柔軟に考えなければいけないのかなという問題意識があります」（実務課題99頁：高須順一発言）、②「債務不履行に対

する救済手段の相互関係をどのように考えていくのかという問題があるような気がします。つまり、例えば目的物の契約不適合の場合ですと、追完請求、つまり修補せよとか、あるいは代金を減額せよとか、あるいは解除するとか、色々な救済手段があるわけで、『軽微』性を考えるときには、それらの手段に委ねたほうがよいのではないか、という判断が考慮要素として入ってくると思うのです。契約目的は達成できるのだから、代金減額で調整したほうがよい、といった判断が、『軽微』性の解釈にも影響を及ぼすわけです。これに対して、代金不払いによる解除などというときには、軽微性というのは極めて限定される。1000万円の振込みをしなければいけないときに、手数料類似のものが差し引かれるのを知らなくて、999万何千円を振り込んだというようなときに解除できるか、それはできない、という例や、代金は支払ったが少額の固定資産税の第三者弁済はしていないときには、解除はできない、という例などだけである。つまり、金銭債務の不履行の場合の『軽微』性の判断と様々な救済手段があるというときの『軽微』性の判断は異なってくると思うのです」(実務課題99〜100頁：道垣内弘人発言) という指摘が重要である。

(b) **無催告解除** 無催告で解除できる場面については、新法542条において明文化された。全部解除については1項、一部解除については2項において解除できる場合が列挙されている。その内容は論理的に整理されており、債務者が「履行を拒絶する意思を明確に表示したとき」については、拒絶の対象が全部であるときは全部解除(新法542条1項2号)、拒絶の対象が一部であるときは一部解除(同条2項2号)を原則としつつ、「残存する部分のみでは契約をした目的を達することができないとき」は全部解除を認めている(同条1項3号)。

(c) **債務者の帰責事由** 解除における債務者の帰責事由の要否について、旧法543条ただし書は、履行不能の場合に債務者に帰責事由がないときに解除はできないと規定していたが、新法は、解除について、債務者の帰責事由を不要とした。これは、契約の解除は、契約に拘束することが不当な場合に当事者を解放する制度であり、履行を怠った債務者に対する制裁ではないという理解に基づいている。この改正は、危険負担の効果にも影響した (⇨§30-2(1))。

**(2) 契約の解除に関する経過措置** 本条は、「施行日前に契約が締結された場合」におけるその契約の解除については、なお従前の例によると規定している。これは、既存の(旧法による)法律関係に対する当事者の信頼を保護す

るため、これまでに扱っていたのと同じように扱うという意味であり、施行日より前に契約が締結された場合におけるその契約の解除については、新法541条から新法543条まで、新法545条3項および新法548条は適用されない。

　その趣旨は、契約の当事者は、契約をした時点において通用している法令の規定が適用されると考えるのが通常であるところ、施行日より前に契約が締結された場合について新法を適用すると当事者の予測可能性を害するため、施行日以後に契約が締結された場合の解除についてのみ新法541条から新法543条まで、新法545条3項および新法548条を適用することが適切という点にある。

　本条の概要を表にすると、以下のとおり。

| | 経過措置の基準となる事実 | 適用される法律の規定 |
|---|---|---|
| 旧法 | 契約を締結したのが令和2年4月1日前 | 541条〜543条、548条 |
| 新法 | 契約を締結したのが令和2年4月1日以後 | 541条〜543条、545条3項、548条 |

## 3　実務への影響

　契約の解除に関する改正は、従来の規律を変更するものであり、実務に影響する。そのため、適用条文に応じた経過措置の基準となる事実が生じた時期について注意する必要がある。

---

**（定型約款に関する経過措置）**
**第33条**
1　新法第548条の2から第548条の4までの規定は、施行日前に締結された定型取引（新法第548条の2第1項に規定する定型取引をいう。）に係る契約についても、適用する。ただし、旧法の規定によって生じた効力を妨げない。
2　前項の規定は、同項に規定する契約の当事者の一方（契約又は法律の規定により解除権を現に行使することができる者を除く。）により反対の意思の表示が書面でされた場合（その内容を記録した電磁的記録によってされた場合を含む。）には、適用しない。
3　前項に規定する反対の意思の表示は、施行日前にしなければならない。

## ◆解説

### 1 趣旨

本条1項は、定型約款に関する経過措置を定めている。

本条2項は、新法主義を定める本条1項の規定を適用しないための要件について、本条1項に規定する契約の「当事者の一方」に反対の意思の表示をすることを認めることを原則としている。これは、新法の適用を望まない当事者に配慮したものである。

本条3項は、定型約款に関する新法の遡及適用に対する例外を定める本条2項の「反対の意思の表示」について「施行日前にしなければならない」と規定している。これは、「反対の意思の表示」ができる期限を定めることにより、新法が適用されるか否かを明確にする趣旨である。

### 2 内容

**(1) 定型約款**　本条1項本文は、新法548条の2から新法548条の4までに関する経過措置として、「施行日前に締結された定型取引（新法第548条の2第1項に規定する定型取引をいう。）に係る契約」についても、新法548条の2から新法548条の4までの規定を適用することを規定している。

**(a) 定型約款に関する主な改正内容**　新法548条の2から新法548条の4までは、定型約款に関する規律を新設したものである。この改正のポイントは、①「定型約款」を定義し、それに関する規律を新設したこと、②定型取引合意をした場合について、定型約款の個別の条項についても合意したものとみなす場合と、その例外を明文化したこと、③定型約款の内容の表示に関する規律を明文化したこと、および、④定型約款について、個別に相手方と合意することなく変更できる場合に関する規律を明文化したことにある（QA136〜140頁、一問一答240〜263頁）。具体的には、「定型約款の定義」、「みなし合意の要件」、「みなし合意から除外される要件」、「内容の表示」、「変更・経過措置」等が問題になる（BA346〜355頁）。

**(b) 定型約款の合意**　新法548条の2に関する法務省民事局長の答弁として、以下のものがある。①みなし合意の規律を適用するには、その前提として一定の要件、定義があるので、その定義に当たらないとしてみなしの効力自体を争うことも可能であり、さらに、不当条項による争い方も当然考えられる（衆議院会議録16号14頁）。②取引の「一部が画一的」といえるためには、取引

の相当部分または重要部分が画一的であることを要する（衆議院会議録15号19頁）。③定型約款の具体例としては、鉄道の運送取引における運送約款、電気供給契約における電気供給約款、保険取引における保険約款、インターネットサイトの利用取引における利用規約がある（衆議院会議録13号17頁）。④労働契約、フランチャイズ契約、銀行取引約定書、個人商店と卸売業者等との商品の継続的供給契約、ひな形を利用した賃貸借契約は、定型約款には該当しないことが通常である（衆議院会議録13号11頁・19頁・22頁、衆議院会議録16号18頁）。⑤賃貸用建物の賃貸借契約については定型約款には該当しないのが通常であるが、個別の事情により例外的に該当することがあり得る（衆議院会議録16号18頁）。⑥定型約款の規定は消費者契約に限定していないので、企業がワープロソフトを購入する契約を締結するような事業者間取引にも適用があり得る（参議院会議録12号26頁）。⑦みなし合意の要件となる「表示していたとき」は、定型約款を契約の内容とする旨の黙示的な合意があったと言えるような場合を意味する（衆議院会議録13号18頁）。⑧新法548条の2第2項のみなし合意除外規定は、契約当事者間の格差の是正を趣旨とする消費者契約法10条とは趣旨が異なり、事業者間の契約も対象となるという点で適用範囲も異なる（参議院会議録12号26頁）。⑨新法548条の2第2項のみなし合意除外規定と消費者契約法10条の両方の要件に該当する場合には、これらを選択的に主張することは可能であるし、裁判所もいずれかを先行して判断しなければならないものでもない（参議院会議録13号34頁）。

　定型約款の合意については、①「定型約款に関する事項は、紆余曲折を経て最終段階でようやくとりまとめられたものであるが、これに基づく改正民法の定型約款に関する規律は、従来の約款規制に関する研究者の立法論とは著しく乖離した内容となっている。……新設規定の解釈論としては、新設規定を約款問題の解決のために利用できる可能性があるのであればその可能性を生かすことが望ましく、また、従来の約款理論ともできるだけ整合的な解釈論が構築されることが、長い目で見たときに、定型約款に関する新設規定を生かすことにつながる」（山下友信「定型約款」民法学Ⅲ137～138頁）、②「定型約款に関する規律では、規定の文言上は、給付・対価条項と付随的条項とを区別していない。しかし、このことをもって、給付・対価条項にも定型約款に関する規律が及ぶとの態度決定が起草段階でされたものと解することはできない。約款における不当条項規制に関する規律が給付・対価条項に及ぶか否かについては、法制審

議会民法（債権関係）部会に関与した研究者委員・幹事の間でも意見は二分されていたし……、約款変更に関する民法584条の4の規定が付随的条項を超えて給付・対価条項にまで及ぶかについても意識的に議論された形跡はない。これらの問題に関しては、定型約款に関する民法の規律自体はニュートラルであり、旧法下におけるのと同様、解釈にゆだねられているものとみるべきである（部会資料56・26頁で、取り上げなかった論点として整理されている）。そして、著者自身は……給付・対価条項の問題は、透明性の原則によりチェックされる点を別として、約款（定型約款）に関する規律ではなく、意思表示・法律行為法の一般法理で処理すべきであると考える」（潮見Ⅰ40頁）、③「一見すると新規定の約款規制は……従来の学説が前提にしてきた二元的要件構成のうちの内容規制は、大幅に後退・軽量化したような印象を与える。しかし548条の2第2項の『みなし不合意』制度は、消契法10条のような任意規定への拘束を免れ、さらに『取引上の社会通念』までを考慮に入れたフリーハンドの条項の不当性評価を許容するものとなっている。特にその不当性評価の中心には公序良俗ではなく信義則判断が置かれ……、かつその信義則判断は……必ずしも定型型・客観的な内容に限定されず、個々の約款取引の個別事情を考慮に入れるものである……。また新規定548条の2第2項の『みなし不合意』の規制が不意打ち条項規定を回収して一般条項的不当条項規制と融合発展させたものであるという審議過程から明らかな経緯は、明文を削除された不意打ち条項規制が新規定の中で実定的な堅持されていることを意味する。また、組入規制と内容規制とを融合させる同項は、ヨリ広い視野の下に置けば、いわゆる『併せて一本』論に立つ契約の有効要件論が、ついに明文の規定を持つに至ったことを意味し、その意義は小さくない。かくして新規定は約款の内容規制として〈短いが鋭い槍〉を用意したものと言いうるであろう」（森田88頁）、④「改正法548条の2第2項の『合意をしなかったものとみなす』の意味について、私は……『当該条項は契約の内容として効力は生じないということを意味するだけである』という考え方で理解すべきであると考えます。なお、国会の法案審議の際、政府参考人は、改正法548条の2第2項と消費者契約法10条の両規定を消費者は選択的に主張可能と回答しています。また、上記両規定の関係について、平成27年3月6日に開催された内閣府消費者委員会消費者契約法専門調査会における法務省民事法制管理官の回答は『消費者契約法10条に該当するという主張に対して、それはそもそも契約内容となっていないという形で、その主張を否定す

る関係にはならないと理解しております』というものでした（消費者委員会消費者契約法専門調査会第6回議事録7頁）」（実務課題285頁：山本健司発言）、⑤「国会審議の場では、不意打ち条項と改正法548条の2第2項との関係について、立案担当者は、定型取引の特質に鑑みれば、『相手方である顧客にとって客観的に見て予測し難い条項が置かれている場合において、その条項が相手方に多大な負担を課すものであるとき』は、『相手方において内容を知り得るようにする措置を定型約款準備者が講じておかない限り、これは信義則に反することとなる蓋然性が高い』。このような定型約款を利用した取引の特質が考慮されることに表すために、考慮事由として『定型取引の様態』を明記していると説明しています（第193回国会参議院法務委員会会議録12号23頁）」（実務課題286頁：山本敬三発言）という指摘が重要である。

(c) **定型約款の内容の表示**　　定型約款の内容の表示については、「改正法548条の3第1項が、相手方から請求があったときに遅滞なく相当な方法でその定型約款の内容を示さなければならないとしたのは、その限りで相手方に定型約款の内容を知る権利を保障するためだと説明されています（第193回国会参議院法務委員会会議録12号23頁）。この規定の趣旨からしますと、相手方には、事前に定型約款の内容の表示を求める義務があるとして、それを怠ったことを相手方の『過失』とみることは、かなり飛躍があります。……定型取引合意の後、相当の期間内に定型約款の内容を示すよう請求したのに、それを示さない場合に……『軽微』な不履行にすぎないかどうかは、疑問の余地も残ります。契約の内容がわからなければ、自分がどのような債務を履行しなければならないか、相手方の履行が契約に適合したものかどうかといったことなどを判断しようがないわけですから、そのまま契約に拘束され続けることは危険でしょう。むしろ、原則として、解除を認めてもよいという考え方もあり得るところです」（実務課題290〜291頁：山本敬三発言）という指摘が重要である。

(d) **定型約款の変更**　　新法548条の4に関する法務省民事局長の答弁として、以下のものがある。①定型約款の変更に関する新法548条の4は、当事者間に定型約款を変更しない旨の合意がある場合には適用されない（衆議院会議録15号20頁）。②変更の合理性判断にあたっては、解除権の定めなどの不利益軽減措置の有無・内容といったことが考えられるが、解除に伴い過大な違約金支払義務が課されるなど解除権が実質的に確保されていない場合は、変更の合理性を肯定する方向での事情とはならない（衆議院会議録11号15頁）。③定型約

款の変更の効力が生じないにもかかわらず変更前の債務を履行しないという場合には債務不履行責任が生じ得る（衆議院会議録15号20頁）。

　定型約款の変更については、「『定型取引』は今改正で初めて登場した概念であり、これまで議論されたこともない。『取引』のタイプによって適用対象を限定するという工夫は、企業間取引を対象から外すことを求める経済界の要請と、規律新設の合理的理由を求める内閣法制局の要求との板挟みの中で……ぎりぎりの調整を迫られた立案担当者たちの苦心の産物だった。結果的に、私がかつて制度的契約と呼んだタイプの契約と近い領域が対象となることになった。……制度的契約においては、個別合意の尊重は、多数の相手方当事者間の公平を害し、約款取引の合理性をむしろ破壊する。したがって、契約条件の合理性は個別当事者の合意によって担保されるわけではないから、事前開示を厳格に要求する必要はない。また、合理的な範囲での一方的変更も、厳格な要件は課されるにせよ、許容することが正当化できるのである」（内田132頁）という指摘が重要である。

　(e)　**定型約款に関する経過措置**　本条1項本文は、「施行日前に締結された定型取引（新法第548条の2第1項に規定する定型取引をいう。）に係る契約」についても、新法548条の2から新法548条の4までの規定を適用することを規定している。このように施行日より前の契約にまで新法を適用することは、改正債権法附則において異例である。

　一般に、契約の当事者は契約の申込みがされた時点において通用している法令の規定が適用されると考えるのが通常であることから、施行日より前に契約の申込みがされた場合について新法を適用すると当事者の予測可能性を害するため（⇨§29等）、新法は、施行日以後に締結された契約に対してのみ適用されるのが原則であり、本条1項本文は例外的取扱いを規定したものである。その趣旨は、定型約款について、旧法には規定がなく、確立した解釈もないことから、法律関係が不明確である反面、新法においては当事者双方の利益状況に配慮した合理的な制度が設けられた点にある。一問一答390頁は、「今回の改正は、約款を利用してされる契約の成立要件等について確立した見解がなく、裁判例を含めて実務的に不透明な状況にあるということを前提として、新たに合理的な規律を設けようとするものである。そのため、旧法に既に一定の規律が定められている部分の改正とは異なり、新法の施行日前に定型約款を利用して契約をした当事者に、施行日以後において一定の規律に服することへの期待がある

とはいい難く、むしろ、合理的な新法の規定を適用することが当事者の利益に
一般的に資するといえる。また、実務的にも、定型約款は契約内容を画一化す
るために利用するものであるのに、変更に関する規律が契約の締結時期で異な
ることになれば、内容を画一化することができないおそれが生じ適切ではない
ことから、特に定型約款の変更については新たな規定が一律に適用されるよう
にすることが望ましい。以上を踏まえ、定型約款に関する新法の規定について
は、他の規定に関する経過措置よりもその適用範囲を拡張し（新法主義）、旧
法の下で締結された契約に係る定型約款（以下「旧定型約款」という。）につい
ても全体としてこれを適用することを原則としている（附則33条1項）」と指摘
している。

　(f)　**新法主義**　　本条1項が採用している「新法主義」とは、遡及適用を認
めるものであろうか。立法学139頁は、「遡及適用は、罰則については認められ
ない（憲法39条）。同じ趣旨から、義務を課したり、権利を制限したりする場
合でも、遡及することはできない。したがって、権利を付与し、あるいは利益
を与えるような場合に、可能とされる。ただし、遡及適用といっても、過去の
行為や事象に適用するというよりも、施行後において、過去の行為や事象に適
用したのと同じ扱いをする、という効果を生じさせるものである。つまり、対
象は過去であっても適用そのもの及びその効果の発生は施行後となる」と指摘
している。法制執務284〜285頁は、「場合によっては、ある法令をその施行の
時点よりも遡ってそれ以前の事象に対して適用する必要がある場合がある」と
し、同書286頁は、「一口に遡及適用といっても、法令の内容によってはその効
果に差異があることに注意を要する。例えば、法人税法の改正をある年の4月
1日に施行することとした上で『4月1日以後終了する事業年度の所得に対す
る法人税について適用する』とした場合には、新しい税率が適用される所得の
中には4月1日前の取引によって生じたものが含まれているという意味では、
一種の遡及適用ということもできるが、法人税の納税義務が成立するのは事業
年度終了の時であり、現実に法人税を納付するのは、いずれにしても4月1日
以降であるから、遡及適用といっても、過去に生じた具体的な法律関係に変更
をもたらすものではない」と指摘している。

　これらの記載からすると、一問一答390頁にいう「新法主義」は、他の規定
に関する経過措置よりもその適用範囲を拡張し、旧法の下で締結された契約に
係る定型約款についても全体としてこれを適用するという原則を内容としてい

るという意味で、一種の遡及適用を認めるものともいえる。

　本条1項ただし書が、「旧法の規定によって生じた効力を妨げない」と定めているのは、すでに旧法によって解決された紛争について新法を適用することはないという意味である。このことは、本条1項本文は、旧法の下で締結された契約に係る定型約款についても全体としてこれを適用するという原則を内容としており、一種の遡及適用を認めるものともいえるが、適用そのもの及びその効果の発生は施行後であり、過去に生じた具体的な法律関係に変更をもたらすものではないことを意味する。一問一答390頁は、「法的安定性に配慮する必要があるため、旧法の規定によって生じた効力は妨げない旨の規定（新法主義を定める場合に通例置かれる規定である。）を設けている」とし、同書391頁（注1）は、「旧法の規定といっても、定型約款に関する紛争に適用すべき規律は明確ではない。もっとも、旧法下で既に法的効力について一定の結果が生じているのに、それを新法が覆すのは相当ではないとの配慮によるものである」と指摘している。

　新法主義については、「日本の実定法を概観したところによれば、法改正の経過措置のなかで法律不遡及の原則は支配力を持っていないようであった。むしろ、新法が既存事項に適用されることが原則とされ、新法施行前に生じた効力は妨げられないとのただし書が置かれるのが通例といえそうである。こうした考え方は、立法実務の世界では意識的に採用されているものと考えられる。はっきりとそうした考え方を示しているのは、濱崎恭生『建物区分所有法の改正』（法曹会、1989年）478頁……『一般に法律は、その効力が生じた後に発生した事実にのみ適用し、その前に発生した事実に遡及適用しないのが、最も基本的な原則である（法律不遡及の原則）。しかし、民事法の改正においては、一般に、既存の事実関係に対しても、旧法の規定により既に当事者間の権利義務関係が具体的に定まっている場合を除いては、より合理的であるべき新法の規定を適用するのが妥当であり、かつ、法律関係を簡明ならしめることから、遡及適用を原則と定める例が多い……』。小林昭彦＝原司『平成11年民法一部改正法等の解説』（法曹会、2002年）364頁も、『今回の改正の理念及び趣旨に照らし、改正法の施行後に生じた事項のみならず、改正法の施行前に生じた事項についても原則として、新法を適用することを原則とする新法主義を採ることを定めたものである』という。濱崎・前掲と酷似した言い回しは、飛澤知行『一問一答平成23年民法等改正—児童虐待防止に向けた親権制度の見直し』（商

事法務、2011年）89-90頁にも見出すことができる」（小粥太郎「改正債権法の経過措置」民法学 I 82頁）と指摘されている。

本条1項の概要を表にすると、以下のとおり。

| | 経過措置の基準となる事実 | 適用される法律の規定 |
|---|---|---|
| 旧法 | 定型約款における新法主義について、反対の意思表示を令和2年4月1日前にしたとき | なし |
| 新法 | 定型約款が用いられるとき（反対の意思表示を令和2年4月1日前にしたときを除く） | 548条の2〜548条の4 |

**（2） 新法主義の適用除外**　本条2項は、新法主義を定める本条1項の規定を適用しないための要件として、「同項に規定する契約の当事者の一方（契約又は法律の規定により解除権を現に行使することができる者を除く。）により反対の意思の表示が書面でされた場合（その内容を記録した電磁的記録によってされた場合を含む。）」と規定している。

本条2項は、本条1項に規定する契約の「当事者の一方」に反対の意思の表示をすることを認めることを原則としている。これは、新法の適用を望まない当事者に配慮し、施行日より前に当事者の一方が反対の意思を表示した場合には、当該契約については引き続き旧法によることを規定するものである。一問一答390頁は、「不明確な状態にあったとはいえ、旧法の下で新法とは異なる規律が適用されることを具体的に想定していた当事者が存することも例外的にあり得ないではないと考えられる。そこで、施行日の前日までの間に当事者の一方（定型約款準備者でも、相手方でもよい。）が書面又は電磁的記録によって反対の意思を表示した場合に限り、当該契約については引き続き旧法による」と指摘している。

本条2項は、かっこ書において、「契約又は法律の規定により解除権を現に行使することができる者」には反対の意思表示を認めないことを規定している。これは、解除権を現に行使することができる者については、反対の意思表示をすることを認めず、解除権行使により離脱すべきこととすることにより、新法主義を広く適用するものである。

一問一答390〜391頁は、「旧法の下で新法とは異なる規律が適用されることを具体的に想定していた当事者が存することも例外的にあり得ないではない」

としても、「このような配慮は、新法の適用を望まない当事者が解除、解約等により契約を終了させることができるのであれば、それで満たされており、それ以上に新法の適用を否定させるまでの必要には乏しいと考えられる。そこで、新法が適用されることについての反対の意思を表示することができるのは、自己の意思に基づいて定型約款に基づく契約関係から離脱する機会のない者に限定するため、『契約又は法律の規定により解除権を現に行使することができる者』は反対の意思を表示することができないとしている」と指摘している。

本条2項かっこ書の「契約又は法律の規定により解除権を現に行使することができる者」について、一問一答391頁は、「相手方当事者から合意解除の申入れがされているケースも含まれると解される。さらに、文言上は単に『解除権』とされているが、前記の趣旨に照らせば、解約権やその他の契約の終了（契約からの離脱）を生じさせる権限を広く含む。なお、解除権等を行使した者が解除によって生じた損害を賠償しなければならないとされていても『解除権を現に行使することができる者』に含まれることを前提としている。もっとも、例えば、合理的な清算額を超える違約金を支払わなければ解除権等を行使し得ないような定型約款の相手方は、事実上自己の意思に基づいて契約関係から離脱することが保障されていないものとして、例外的に『解除権を現に行使することができる者』には当たらないと解されることがあるものと考えられる。定型約款に基づく契約においては当初は約定の解除権が与えられていなかった相手方であっても、反対の意思を表示する時点において解除権が付与されていれば、『契約又は法律の規定により解除権を現に行使することができる者』に当たる」と指摘している。

本条2項は、「反対の意思の表示が書面でされた場合（その内容を記録した電磁的記録によってされた場合を含む。）」と規定しているところ、同項の「電磁的記録」とは、「新法第151条第4項に規定する電磁的記録」をいう。このことは、附則10条3項において明記されている。

## （3）　反対の意思表示の時期

本条3項は、定型約款に関する新法の遡及適用に対する例外を定める本条2項の「反対の意思の表示」について「施行日前にしなければならない」と規定している。

一問一答391〜392頁は、「この反対の意思表示に関する経過措置は、平成30年4月1日から施行される。したがって、同日から新法全体の施行日である平成32年（2020年）4月1日の前日までに、反対の意思表示をする必要がある」

と指摘している。

## 3　実務への影響

　定型約款に関する改正は、従来の規律を変更するものであり、実務に影響する。そのため、適用条文に応じた経過措置の基準となる事実が生じた時期について注意する必要がある。

---

（贈与等に関する経過措置）

第34条

1　施行日前に贈与、売買、消費貸借（旧法第589条に規定する消費貸借の予約を含む。）、使用貸借、賃貸借、雇用、請負、委任、寄託又は組合の各契約が締結された場合におけるこれらの契約及びこれらの契約に付随する買戻しその他の特約については、なお従前の例による。

2　前項の規定にかかわらず、新法第604条第2項の規定は、施行日前に賃貸借契約が締結された場合において施行日以後にその契約の更新に係る合意がされるときにも適用する。

3　第1項の規定にかかわらず、新法第605条の4の規定は、施行日前に不動産の賃貸借契約が締結された場合において施行日以後にその不動産の占有を第三者が妨害し、又はその不動産を第三者が占有しているときにも適用する。

---

## ◆解説

## 1　趣旨

　本条1項は、贈与、売買、消費貸借（旧法589条に規定する消費貸借の予約を含む）、使用貸借、賃貸借、雇用、請負、委任、寄託または組合の各契約およびこれらの契約に付随する買戻しその他の特約に関する経過措置を定めている。

　本条2項は、賃貸借の存続期間に関する経過措置を定めている。

　本条3項は、不動産の賃借人による妨害の停止の請求等に関する経過措置を定めている。

## 2　内容

（1）　契約各論における改正内容　　贈与、売買、消費貸借（旧法589条に規定する消費貸借の予約を含む）、使用貸借、賃貸借、雇用、請負、委任、寄託また

は組合の各契約およびこれらの契約に付随する買戻しその他の特約については、旧法549条から旧法687条まで、および、新法549条から新法687条までが定めている。なお、このうち新法604条2項の経過措置については本条2項、新法605条の4の経過措置については本条3項において、適用が拡張されている。

この改正のポイントは、①贈与について、贈与者の引渡・移転義務の内容を推定したこと、②売買について、売主の義務が整理され、担保責任の規定が再構成されて「瑕疵」が「契約内容不適合」に変更され、買主の追完請求権・代金減額請求権が規定されたこと、③売買や請負の担保責任について、種類・品質の不適合に限り、不通知による失権を認めたこと、④売買の箇所に、危険の移転に関する規定を設けたこと、⑤消費貸借・使用貸借・寄託について要物性を見直したこと、⑥賃貸借について、目的物返還義務を明文化し、不動産の賃貸人たる地位の移転に関するルールを新設、賃貸物の修繕・一部滅失に関する規律の見直し、転貸に関する規律の見直し、原状回復義務・敷金に関する規定の新設などをしたこと、⑦請負について、仕事を完成することができなくなった場合の報酬請求権を明文化し、注文者が破産した場合の請負人の解除権を仕事完成前に限定し、担保責任については売買の規定を包括準用したこと、⑧委任については、自己執行義務に関する規律を新設し、報酬・任意解除権に関する規律を改正したこと、⑨雇用については、報酬・期間の定めのある雇用の解除・期間の定めのない雇用の解約申入れに関する規律を整備したこと、および、⑩寄託について、自己執行義務・寄託物についての第三者の権利主張・寄託者による返還請求・損害賠償等の期間制限・消費寄託に関する規定を整備し、混合寄託に関する規定を新設したことにある（QA141〜193頁、一問一答264〜377頁）。

具体的には、①売買について、「買主の追完請求権」、「買主の代金減額請求権」、「買主の解除権の行使」、「権利移転義務の不履行に関する売主の責任」、「買主の権利の期間制限、消滅時効との関係」、「競売における買受人の権利の特則」、「権利取得の不安を理由とする代金支払拒絶権」、「特定物売買における危険の移転」、「種類売買における危険の移転」、「買戻し」、②贈与について、「特定物贈与者の引渡義務等」、「不特定物贈与者の引渡義務等」、③消費貸借について、「消費貸借の成立」、「消費貸借の予約」、「利息付消費貸借」、「貸主の引渡義務等」、「期限前弁済」、④賃貸借について、「存続期間」、「対抗力ある不動産賃借権と賃貸人の地位の移転」、「合意による賃貸人の地位の移転」、「敷金返還請求権」、「敷金の充当」、「賃借物の一部滅失による賃料の減額・解除」、

「転貸の効果」、「賃借人の原状回復義務」、「損害賠償請求権に関する期間制限」、
⑤使用貸借について、「使用貸借の諾成化」、「終了事由」、⑥請負について、
「仕事未完成の場合の割合的報酬」、「契約不適合の場合の請負人の責任」、「契
約不適合の場合の注文者による解除」、「契約不適合の場合の注文者の権利の期
間制限」、「注文者の破産による解除」、⑦委任について、「受任者の自己執行義
務、復受任」、「受任者の報酬請求」、「任意解除と損害賠償」、⑧雇用について、
「労務提供の不能と報酬請求」、「期間の定めのある雇用の解除」、「期間の定め
のない雇用の解約申入れ」、⑨寄託について、「寄託の諾成化」、「寄託物に対す
る第三者の権利主張」、「混合寄託」、「消費寄託」、および、⑩組合について、
「契約総則の規定の不適用」、「組合員の1人の意思表示の無効・取消し」、「組
合債権者による権利行使可能性」、「組合員債権者による権利行使可能性」、「業
務執行」、「組合代理」、「組合員の加入」、「組合員の脱退」、「解散事由」等が問
題になる（BA356〜391頁・394〜399頁・402〜465頁）。

　(a)　**売買**　　売主の契約不適合責任・履行障害法に関する法務省民事局長の
答弁として、以下のものがある。①目的物の状態を一切問わずに、全く現状で
引き渡すという契約内容であれば、売主は現状で引き渡しても契約の内容に適
合しないとは言えない（衆議院会議録15号29頁）。②継続的契約の双方の信頼関
係その他、事情によっては債権者の解除が解釈上制約されることがあり得ると
ころ、この従来の判例の考え方は改正によって変わらないと考えている（衆議
院会議録16号5頁）。

　売買における契約不適合責任については、①「売主の担保責任の体系上の位
置づけに関しては、契約責任説を採用して債務不履行一般との連続を明示しな
がらも、なおその特則性を名称上も体系上も維持している点が挙げられる……。
このことは法技術的な実質にも関わり、まずそれは端的に契約責任一般とは異
質な期間制限の特則がとりわけ『物の契約不適合』の救済には維持されたとこ
ろに現れている……。また、契約責任説の帰結として位置づけられ、明文が置
かれた買主の追完請求権は、契約一般に関する履行請求権の単純な具体化とは
言えず、また追完請求権に基づく諸救済の規律が、債務不履行の一般の救済か
ら機械的に導かれるものでもない」（森田241〜242頁）、②「修理費用相当額と
いう発想ではなく、言わば仮想現実である適合品の価格と、現実の不適合品の
価格とを比べて割合を明らかにし、それを約された代金額に当てはめて、減ぜ
られる新しい代金額を得ます。今までは数量の場合のみでありましたが、これ

からは品質について減額の見定めをするという難しい仕事を実務にお願いすることなります。裁判官の方々と議論をさせていただく機会がありましたときに、建築紛争の処理を専門的に扱っておられるような部の裁判官の方からは、土地の面積が少ないというような数量指示売買のときの減額請求の計算はさほど困難がないのに対して、これからは建物の品質のようなことについても代金減額請求を考えなければいけない、その認定判断をしなければいけないということになると、難儀なお話であるという感想もいただきました」（実務課題309頁：山野目章夫発言）という指摘が重要である。

　売買における危険の移転については、①「新しい規定は、引渡しを境として危険が移るというルールしか設けておらず、567条のほかに危険が移転する局面を安易に考えるべきではないと考えます。現行法においても、いわゆる特定があったならば危険が移転するという理解は、相当の問題を含んでいたと感じます。もちろん、新しい567条も任意規定であり、『債権者の同意を得てその給付すべき物を指定したとき』（401条2項）や、端的に当事者が合意して特定の物を目的物として絞った場合において、567条とは異なる危険移転の合意がされたと見られる事例は、ありうると考えます」（実務課題318頁：山野目章夫発言）、②「改正法567条の危険の移転については、特定物を念頭に置いたときに引渡しを基準として危険が移転するというのは非常にわかりやすい。不動産取引などはその典型で、全ての契約で引渡しをもって危険が移転すると明記しています。ところが、不特定物売買では、567条には、慎重に考えなければならない問題が多いことを理解いたしました。401条2項で、『その物を債権の目的物とする』ことについて『特定』という言葉を使うことが許されるとすれば、この特定によって特定物売買と同じになるとして、『特定』を重視する考え方がありうる。これを401条2項重視説と言ってもよいのかもしれません。それに対して、不特定物の場合、基本的に不特定物だから再調達義務を広く認めて、特定より『引渡し』を重視する考え方がありうる。これを改正法567条重視説と言ってもよいのかもしれません。この2つの考え方の対立があるように思います」（実務課題320〜321頁：中井康之発言）という指摘が重要である。

　⒝　消費貸借（旧法589条に規定する消費貸借の予約を含む）　　書面による消費貸借契約に関して借主の契約解除権が規定されるところ（新法587条の2第2項）、その場合の損害賠償義務に関する法務省民事局長の答弁は、損害は貸主が金銭などを調達するために負担した費用相当額などにとどまるものであり、

弁済期までの利息相当額ではない、とされている（衆議院会議録13号3頁）。

　(c)　**賃貸借**　賃貸借契約について原状回復義務や敷金の規律が明文化されたところ、法務省民事局長の答弁として、以下のものがある。①原状回復義務の例外となる通常損耗の例として、家具の設置によって床のカーペットが若干へこんだというケース、同様に経年変化の例として、日照等による床や壁紙の変色などがある。一方、いずれにも該当しないものとしては、たばこの脂やペットによって付けられた傷などがある。この新法606条1項の規定は任意規定であり、異なる特約を締結することは可能である（衆議院会議録16号16頁）。ただし、判例は通常損耗についての原状回復義務を賃借人に負わせるためには、その範囲が賃貸借契約書の条項自体に具体的に明記されているなどの事情が必要としており、この判例は改正法の下でも維持される（参議院会議録12号24頁）。

　(d)　**請負**　請負の契約不適合責任については、①「今回の改正では、この現行法634条2項が削除され、改正法415条2項は、『債務の履行に代わる損害賠償の請求』は、同項所定の場合に限ってできると定めました。このため、私を含む複数の弁護士は『修補に代わる損害賠償請求』も、この415条2項の適用を受け、改正前のように、『直ちに』請求することは『できなくなった』と考えていました。ところが、法務省の解説では、請負契約で『修補等に代えて損害賠償請求をする場合については、新法第415条第2項……は適用されず……同条第1項の枠内で処理される』とされました（一問一答341頁(注2)）」（実務課題323～324頁：岡正晶発言）、②「売買の場合も同じではないでしょうか。売買契約において、例えば目的物に瑕疵があったとします。そのとき、一般的には追完請求になり修補請求なりができるわけですが、それをしないで損害賠償請求をすることも可能であり、それは、改正法415条1項によるのでしょう。ところが、全体として目的を達することができないという理由で解除がされる、あるいは一部解除がされるということになると、このときは解除によって契約自体がなくなりますので、残ってくるのは履行に代わる損害賠償請求権ということになり、同条2項が適用されるのだと思います」（実務課題325頁：道垣内弘人発言）、③「例えば旧規定634条の文理と判例法（最判昭和52・2・28金判520号19号）によって注文主に認められていた、修補請求と修補に代わる損害賠償請求権との自由選択権の帰趨の問題がある……。新規定下では旧規定634条以下の注文主の担保責任の規定は削除され、契約責任の一般規定および559条によって準用される売主の担保責任の規定によって代替されることになるが、

そこには修補に代わる塡補賠償に関する直接の規定は見当たらない。一方で、修補請求権を履行請求権の一種と見て415条2項の類推適用によって修補の催告を要件として自由選択権を否定する解釈論が是非はともかく想定される……。他方、改正立法後事務局担当者は請負に関する無催告の「小さな塡補賠償」を認める解釈論を提言している……。たしかにこの場面への415条2項の適用は必然ではないが、問題は415条1項がこの自由選択権の根拠となるか、である。……自由選択を可とするならば、おそらく催告前置とされた代金減額権制度（563条1項）は買主についても注文主についても死文化するであろう」（森田386頁）、④「一般的な売買とは異なり、請負の場合には、請負人による投下費用が大きいことが多いという事情があります。そうすると、軽微性の判断、あるいは目的達成可能性の判断においても、売買より請負のほうが軽微であると考えられる場面というのが増えてきてもおかしくないような気がします」（実務課題333頁：道垣内弘人発言）という指摘が重要である。

　(e)　**契約各論に関する経過措置**　　本条1項が、「施行日前に贈与、売買、消費貸借（旧法第589条に規定する消費貸借の予約を含む。）、使用貸借、賃貸借、雇用、請負、委任、寄託又は組合の各契約が締結された場合」におけるこれらの契約およびこれらの契約に付随する買戻しその他の特約について、なお従前の例によると規定している。これは、既存の（旧法による）法律関係に対する当事者の信頼を保護するため、これまでに扱っていたのと同じように扱うという意味であり、施行日より前については、新法549条から新法687条までは適用されない。

　その趣旨は、契約の当事者は、契約をした時点において通用している法令の規定が適用されると考えるのが通常であるところ、施行日より前に契約が締結された場合について新法を適用すると当事者の予測可能性を害するため、施行日以後に契約が締結された場合の解除についてのみ新法を適用することが適切という点にある。

　本条1項の概要を表にすると、以下のとおり。

|  | 経過措置の基準となる事実 | 適用される法律の規定 |
|---|---|---|
| 旧法 | 契約を締結したのが令和2年4月1日前 | 549条〜687条 |
| 新法 | 契約を締結したのが令和2年4月1日以後 | 549条〜687条 |

（2）　**賃貸借の存続期間**　　本条2項は、新法604条2項に関する経過措置として、「施行日前に賃貸借契約が締結された場合において施行日以後にその契約の更新に係る合意がされるとき」にも適用すると規定している。

　(a)　**賃貸借の存続期間に関する改正内容**　　新法604条2項は、「賃貸借の存続期間は、更新することができる。ただし、その期間は、更新の時から50年を超えることができない」と規定している。これは、ゴルフ場や太陽光発電所等に関する賃貸借において20年を超える存続期間を許容する実務上の必要性があることを踏まえ、旧法604条2項を変更したものである（QA163頁、BA392〜393頁、一問一答315頁）。

　(b)　**賃貸借の存続期間に関する経過措置**　　本条2項は、「施行日前に賃貸借契約が締結された場合において施行日以後にその契約の更新に係る合意がされるとき」にも新法604条2項を適用すると規定している。

　その趣旨は、賃貸借契約の更新は契約の当事者の合意により行われるものであるため、更新後の賃貸期間の上限を20年から50年に改める旨の改正後の民法の規定を施行日より前に契約が締結された場合について適用しても、契約の当事者の予測可能性を害することにはならないという点にある。

　一問一答384頁は、「賃貸借の存続期間の更新に関する規定（新604条2項。上限が20年から50年に伸長）については、当事者の予測を害することがないため、施行日以後に更新がされた場合には、新法を適用するのが適切であるが、附則34条1項との関係で、その位置付けが不明瞭なものとならないようにするため、同条2項に特別に規定を設けている」と指摘している。また、部会資料85・4頁は、「賃貸借の更新に関する規定については、施行日以後に賃貸借契約が締結された場合であっても、施行日以後にその賃貸借契約の更新の合意がされるときは、改正後の民法の規定を適用する考え方があり得る。賃貸借契約の更新は契約の当事者の合意により行われるものであるため、更新後の賃貸期間の上限を20年から50年に改める旨の改正後の民法の規定を施行日前に契約が締結された場合について適用しても、契約の当事者の予測可能性を害することにはならないこと等を根拠とする。ただし、施行日前に更新の合意がされた場合についてまで改正後の民法の規定を適用する必要はない（施行日前に20年を超える賃貸期間の更新の合意がされた場合にその更新の合意のとおりの効力を認める必要はない）ことから、施行日以後に賃貸借契約の更新の合意がされる場合に限るのが合理的であると考えられること等による」と指摘していた。

本条2項の概要を表にすると、以下のとおり。

| | 経過措置の基準となる事実 | 適用される法律の規定 |
|---|---|---|
| 旧法 | 賃貸借契約の更新について合意したのが令和2年4月1日前 | 604条2項 |
| 新法 | 賃貸借契約の更新について合意したのが令和2年4月1日以後 | 604条2項 |

（3）　**妨害停止等請求権**　　本条3項は、新法605条の4に関する経過措置として、「施行日前に不動産の賃貸借契約が締結された場合において施行日以後にその不動産の占有を第三者が妨害し、又はその不動産を第三者が占有しているときにも適用する」と規定している。

　(a)　**妨害停止等請求権に関する改正内容**　　新法605条の4は、不動産の賃借人による妨害停止等請求権について規定している。これは、**判例1、2**を明文化したものである（QA163～164頁、BA400～401頁、一問一答314頁）。

　(b)　**妨害停止等請求権に関する経過措置**　　本条3項は、「施行日前に不動産の賃貸借契約が締結された場合において施行日以後にその不動産の占有を第三者が妨害し、又はその不動産を第三者が占有しているとき」にも新法605条の2を適用すると規定している。

　その趣旨は、契約の当事者ではない第三者に対する妨害停止等請求権を認める旨の規定を施行日より前に契約が締結された場合について適用しても、契約の当事者の予測可能性を害することにはならない点にある。

　一問一答381頁は、「不動産の賃借人による妨害停止等請求権に関する規定（新法605条の4）については、契約の当事者でない第三者との間の法律関係を定めるもので、広く適用しても関係当事者の予測を害するおそれがないことから、施行日前に不動産の賃貸借契約が締結された場合であっても、施行日以後にその不動産の占有を第三者が妨害し、又はその不動産を第三者が占有しているときは、新法を適用している」と指摘している。また、部会資料85・4頁は、「不動産の賃借人による妨害排除等請求権に関する規定については、施行日以後に不動産の賃貸借契約が締結された場合であっても、施行日以後にその不動産の占有を第三者が妨害し、又はその不動産を第三者が占有しているときは、改正後の民法の規定を適用する考え方があり得る。契約の当事者ではない第三者に対する妨害排除請求権を認める旨の改正後の民法の規定を施行日前に契約

が締結された場合について適用しても、契約の当事者の予測可能性を害することにはならないこと等による」と指摘していた。

本条3項の概要を表にすると、以下のとおり。

|  | 経過措置の基準となる事実 | 適用される法律の規定 |
|---|---|---|
| 旧法 | 第三者による不動産占有の妨害等がされたのが令和2年4月1日前 | なし |
| 新法 | 第三者による不動産占有の妨害等がされたのが令和2年4月1日以後 | 605条の4 |

### 3　実務への影響

　贈与等の契約各論に関する改正は、従来の規律を変更するものであり、実務に影響する。そのため、適用条文に応じた経過措置の基準となる事実が生じた時期について注意する必要がある。

【参考判例等】
1　**最高裁昭和28年12月18日判決・民集7巻12号1515頁**
　　対抗力のある土地賃借権を有する者は、その土地について二重に賃借権を取得した第三者に対して妨害排除を請求できる。
2　**最高裁昭和30年4月5日判決・民集9巻4号431頁**
　　対抗力のある土地賃借権を有する者は、不法占拠者に対して直接に建物の収去・土地の明渡しを請求できる。

---

（不法行為等に関する経過措置）
第35条
1　旧法第724条後段（旧法第934条第3項（旧法第936条第3項、第947条第3項、第950条第2項及び第957条第2項において準用する場合を含む。）において準用する場合を含む。）に規定する期間がこの法律の施行の際既に経過していた場合におけるその期間の制限については、なお従前の例による。
2　新法第724条の2の規定は、不法行為による損害賠償請求権の旧法第724条前段に規定する時効がこの法律の施行の際既に完成していた場合

> については、適用しない。

## ◆解説

### 1　趣旨

本条1項は、不法行為等による損害賠償請求権の長期消滅時効等に関する経過措置を定めている。

本条2項は、人の生命または身体を害する不法行為による損害賠償請求権の消滅時効に関する経過措置を定めている。

### 2　内容

**（1）　不法行為等に関する長期消滅時効等**　　本条1項は、旧法724条後段（旧法934条3項〔旧法936条3項・947条3項・950条2項・957条2項において準用する場合を含む〕）に関する経過措置として、20年の期間が、「この法律の施行の際既に経過していた場合」におけるその期間の制限については、なお従前の例によると規定している。

**（a）　不法行為等に関する長期消滅時効等に関する改正内容**　　旧法724条後段は、損害賠償請求権の消滅について、「不法行為の時から20年を経過したときも、同様とする」と規定していた。この期間を、判例は除斥期間であると解釈していたが、被害者救済のためには消滅時効と解すべきと批判されていたところ、新法724条柱書は、「時効によって消滅する」ことを明文化した（QA36頁、BA86～87頁、一問一答63～64頁）。

この点における法務省民事局長の答弁として、以下のものがある。① PTSD（心的外傷後ストレス障害）が発症した場合には身体を害する不法行為に当たる（衆議院会議録12号22頁）。②新法724条は不法行為責任に関する長期20年も除斥期間ではなく時効であることを明定している。したがって、時効の援用について権利濫用などの主張が訴訟でなされた場合には、審理をせずに請求を棄却することはできなくなる（参議院会議録9号14頁）。

不当な弁済をした限定承認者の責任等について、旧法934条3項は旧法724条を準用しているため、上記改正の効力が及ぶ。このことは、相続人が数人ある場合の相続財産の管理人に関する旧法936条3項、相続債権者および受遺者に対する弁済に関する旧法947条3項、相続人の債権者の請求による財産分離に関する旧法950条2項、および、相続債権者および受遺者に対する弁済に関す

る旧法957条2項においても、同様である。

　(b)　**不法行為等に関する長期消滅時効等に関する経過措置**　　本条1項は、「旧法第724条後段（旧法第934条第3項（旧法第936条第3項、第947条第3項、第950条第2項及び第957条第2項において準用する場合を含む。）において準用する場合を含む。）」に規定する20年の期間が、「この法律の施行の際既に経過していた場合」におけるその期間の制限については、なお従前の例によると規定している。

　これは、既存の（旧法による）法律関係に対する当事者の信頼を保護するため、これまでに扱っていたのと同じように扱うという意味であり、施行日より前に20年の期間が経過していた場合については、新法724条後段は適用されない。これは、施行日において20年を経過していないときには、新法を適用することを意味する。

　その趣旨は、不法行為債権については被害者の保護を優先させる必要があるものの、施行日より前に旧法724条後段の期間がすでに経過している場合についてまで新法を適用すると、法律関係の安定を著しく害する結果となるという点にある。

　一問一答386頁は、「不法行為による損害賠償請求権における長期の権利消滅期間を消滅時効期間とする改正については、新法の施行日において除斥期間が既に経過していなければ新法が適用され（附則35条1項）、その損害賠償請求権については長期の権利消滅期間は消滅時効期間と扱われる」とし、同書387頁（注2）は、「新法では消滅時効期間としているため、施行日前に中断・停止事由が生じていた場合や、施行日以後に時効の更新及び完成猶予の事由が生じた場合には、それらの事由に基づき時効の完成が妨げられることになる。また、加害者である債務者による時効の援用に対して施行日前に生じていた事情を根拠として信義則違反や権利濫用の主張が可能となる」と指摘している。また、部会資料85・2頁は、「施行日前に不法行為による損害賠償請求権が生じた場合であっても施行日においてその損害賠償請求権に関する現行民法724条後段の20年の期間が経過していないときは、改正後の民法の規定（20年の期間制限が消滅時効である旨を明示する規定）を適用することとする考え方があり得る」と指摘していた。

　本条1項の概要を表にすると、次のとおり。

| | 経過措置の基準となる事実 | 適用される法律の規定 |
|---|---|---|
| 旧法 | 不法行為の時から20年を経過したのが令和2年4月1日前 | 724条後段 |
| 新法 | 不法行為の時から20年を経過したのが令和2年4月1日以後 | 724条後段 |

（2）　生命・身体の侵害に関する消滅時効の特則　　本条2項は、新法724条の2に関する経過措置として、「不法行為による損害賠償請求権の旧法第724条前段に規定する時効がこの法律の施行の際既に完成していた場合」については、適用しないと規定している。

　(a)　生命・身体の侵害に関する消滅時効期間の改正内容　　新法724条の2は、人の生命または身体を害する不法行為による損害賠償請求権の消滅時効について、旧法724条前段が「3年間」としていたものを「5年間」に延長することを規定している。安全配慮義務違反等の契約責任についても主観的起算点からの消滅時効期間は5年間であるから（新法166条1項1号）、この点では差異がないことになる（QA36～37頁、BA88～91頁、一問一答61～62頁）。

　(b)　生命・身体の侵害に関する消滅時効期間の特則に関する経過措置　　本条2項は、「人の生命又は身体を害する不法行為による損害賠償請求権の消滅時効」の期間を「5年間」に延長する新法724条の2について、「不法行為による損害賠償請求権の旧法第724条前段に規定する時効がこの法律の施行の際既に完成していた場合」については、適用しないと規定している。これは、施行日より前において消滅時効が完成していないときには、新法724条の2を適用することを意味する。

　その趣旨は、不法行為債権については被害者の保護を優先させる必要があるものの、施行日より前に旧法724条前段の期間がすでに経過している場合についてまで新法を適用すると、法律関係の安定を著しく害する結果となるという点にある。

　この点については、一問一答386頁は、「人の生命・身体の侵害による不法行為に基づく損害賠償請求権の短期の権利消滅期間を5年とする特則を設ける改正については、新法の施行日において消滅時効が既に完成していた場合でなければ新法が適用されるとしている（附則35条2項）。これは、不法行為の被害者保護を優先する必要がある等の観点から、不法行為による損害賠償請求権につ

いては、債権の発生時点を新法適用の基準時とする債権の消滅時効一般の経過
措置と比べ、新法の適用範囲をより拡張することとしたものである」と指摘し
ている。また、部会資料85・2頁は、「施行日前に不法行為による損害賠償請
求権が生じた場合であっても施行日においてその損害賠償請求権に関する現行
民法724条前段の3年の期間が経過していないときは、改正後の民法の規定（3
年を5年に改める規定）を適用することとする考え方があり得る。……不法行
為による損害賠償請求権が契約関係にない者による権利又は利益の違法な侵害
によって生ずる債権であるというその債権の特殊性を考慮したものであり、不
法行為の加害者としては、施行日前に不法行為による損害賠償債務が生じた場
合についてはその時点において適用している法令の規定（現行民法724条）が適
用されると考えるのが通常であるが、そのような期待は一般の債権ほどに保護
の必要性が高いとはいえず、不法行為の被害者の保護を優先させる必要がある
ことを根拠とする。ただし、施行日前に現行民法724条の期間が既に経過して
いる場合についてまで改正後の民法の規定を適用すると、法律関係の安定を著
しく害する結果となることから、施行日において現行民法724条の期間が経過
していない場合に限って適用するのが合理的であると考えられること等によ
る」と指摘していた。

本条2項の概要を表にすると、以下のとおり。

|  | 経過措置の基準となる事実 | 適用される法律の規定 |
| --- | --- | --- |
| 旧法 | 消滅時効が完成したのが令和2年4月1日前 | 724条前段 |
| 新法 | 消滅時効が完成したのが令和2年4月1日以後 | 724条の2 |

## 3　実務への影響

不法行為の消滅時効等に関する改正は、従来の規律を変更するものであり、
実務に影響する。そのため、適用条文に応じた経過措置の基準となる事実が生
じた時期について注意する必要がある。

---

**（遺言執行者の復任権及び報酬に関する経過措置）**
**第36条**
1　施行日前に遺言執行者となった者の旧法第1016条第２項において準用
　する旧法第105条に規定する責任については、なお従前の例による。
2　施行日前に遺言執行者となった者の報酬については、新法第1018条第
　２項において準用する新法第648条第３項及び第648条の２の規定にかか
　わらず、なお従前の例による。

---

## ◆解説

### 1　趣旨

　本条１項は、遺言執行者の復任権に関する経過措置を定めている。

　本条２項は、遺言執行者の報酬に関する経過措置を定めている。

### 2　内容

**（1）　遺言執行者の復任権**　　本条１項は、旧法1016条２項において準用する旧法105条に関する経過措置を定めている。しかし、いわゆる改正相続法のうち、「民法及び家事事件手続法の一部を改正する法律」（平成30年法律72号）附則30条（民法の一部を改正する法律の一部改正）が改正債権法の一部を改正し、「第1016条第２項を削る改正規定を削る」と規定したことによって、ここでは改正相続法について検討する必要がある。

　(a)　**遺言執行者の復任権に関する改正内容**　　債権法改正では、遺言執行者の復任権に関する1016条について、債権法改正前における同条２項の、「遺言者が前項ただし書の規定により第三者にその任務を行わせる場合には、相続人に対して、第105条に規定する責任を負う」という条項を削り、同条１項の、「遺言執行者は、やむを得ない事由がなければ、第三者にその任務を行わせることができない。ただし、遺言者がその遺言に反対の意思を表示したときは、この限りでない」という規律のみを残していた。ところが、相続法改正後民法1016条は、１項では、「遺言執行者は、自己の責任で第三者にその任務を行わせることができる。ただし、遺言者がその遺言に別段の意思を表示したときは、その意思に従う」と改正され、２項で、「前項本文の場合において、第三者に任務を行わせることについてやむを得ない事由があるときは、遺言執行者は、相続人に対してその選任及び監督についての責任のみを負う」と規定した。こ

れは、遺言執行者が復任権を行使した場合の責任について、法定代理人による
復代理人の選任（旧法106条後段、新法105条後段）と同様の規律を設けるもので
ある（中込90頁）。改正相続法附則30条は、この改正を受けて、1016条2項を
削るという改正債権法の規定を削ったものである（中込298頁）。

　そして、相続法改正後民法1016条は、改正相続法の原則施行日（令和元
〔2019〕年7月1日）から施行されている（改正相続法附則1条柱書本文、平成30
年政令316号）。改正相続法附則8条3項は、「施行日前にされた遺言に係る遺
言執行者の復任権については、新民法第1016条の規定にかかわらず、なお従前
の例による」と規定し、遺言のされた日を基準としているのは、遺言執行者の
復任権については、その遺言がされた時点における当事者の認識によることが
適切であることによる（中込263頁）。

　(b)　**遺言執行者の復任権に関する経過措置**　　本条1項は、「施行日前に遺
言執行者となった者の旧法第1016条第2項において準用する旧法第105条に規
定する責任」については、なお従前の例によると規定している。これは、既存
の（旧法による）法律関係に対する当事者の信頼を保護するため、これまでに
扱っていたのと同じように扱うという意味であり、施行日より前に遺言執行者
となった者については、新法は適用されない。その趣旨は、遺言執行者となっ
た者は、その就任した時点において通用している法令の規定が適用されると考
えるのが通常であるところ、当事者の予測可能性を害さないためには、施行日
以後に遺言執行者となった者についてのみ新法を適用することが適切という点
にあった。

　ただし、いわゆる改正相続法のうち、「民法及び家事事件手続法の一部を改
正する法律」附則30条は、改正債権法の一部を改正し、「第1016条第2項を削
る改正規定を削る」と規定している。これは改正相続法を受けて、旧法1016条
2項を削るという改正債権法の規定を削ったものである（中込298頁）。

　本条1項の概要を表にすると、以下のとおり。

| | 経過措置の基準となる事実 | 適用される法律の規定 |
|---|---|---|
| 旧法 | 遺言されたのが令和元年7月1日前 | 1016条2項において準用する105条 |
| 新法 | 遺言されたのが令和元年7月1日以後 | 相続法改正後民法1016条2項 |

**（2）　遺言執行者の報酬**　　本条2項は、新法1018条2項において準用する新法648条3項および新法648条の2に関する経過措置として、「施行日前に遺言執行者となった者の報酬」については、なお従前の例によると規定している。

　⒜　**遺言執行者の報酬に関する改正内容**　　新法1018条2項において準用される条文のうち、新法648条3項は、委任事務を処理することができなくなった場合等について、すでにした履行の割合に応じた報酬請求権を認めている。また、委任契約における報酬の支払方式には、履行割合型と成果完成型があるところ、旧法には履行割合型についてのみ規律していたため、新法648条の2は、成果完成型の報酬について規定している（QA184～185頁、BA430～431頁、一問一答350～353頁）。

　⒝　**遺言執行者の報酬に関する経過措置**　　本条2項は、「施行日前に遺言執行者となった者の報酬」については、なお従前の例によると規定している。これは、既存の（旧法による）法律関係に対する当事者の信頼を保護するため、これまでに扱っていたのと同じように扱うという意味であり、施行日より前については、新法は適用されない。

　その趣旨は、遺言執行者となった者は、その就任した時点において通用している法令の規定が適用されると考えるのが通常であるところ、当事者の予測可能性を害さないためには、施行日以後に遺言執行者となった者についてのみ新法を適用することが適切という点にある。

　本条2項の概要を表にすると、以下のとおり。

| | 経過措置の基準となる事実 | 適用される法律の規定 |
|---|---|---|
| 旧法 | 遺言執行者となったのが令和2年4月1日前 | なし |
| 新法 | 遺言執行者となったのが令和2年4月1日以後 | 1018条2項において準用する648条3項・648条の2 |

## 3　実務への影響

　遺言執行者の復任権および報酬に関する改正は、従来の規律を変更するものであり、実務に影響する。そのため、適用条文に応じた経過措置の基準となる事実が生じた時期について注意する必要がある。

---

（政令への委任）

第37条

この附則に規定するもののほか、この法律の施行に関し必要な経過措置は、政令で定める。

---

## ◆解説

### 1　趣旨

　経過措置について政令に委任している。

### 2　内容

　新法の施行に関する経過措置について、この附則の規定では足りない場合に備えて、政令に委任する規定である。

　本条は、公布日（平成29〔2017〕年6月2日）から施行されている（新法附則1条1号）が、この規定に基づく政令は、現時点では制定されていない。一問一答378頁は、「経過措置に関する政令委任規定（附則）37条は直ちに施行されているが、この政令委任規定に基づく経過措置を定める政令は制定されていない」と指摘している。

　なお、「民法の一部を改正する法律の施行期日を定める政令」（平成29年政令309号）は、基本的に一括して令和2（2020）年4月1日が施行日と定めたものであるが、これは本条ではなく、新法附則1条に基づくものである。

### 3　実務への影響

　経過措置に関する政令が制定される可能性にも注意が必要である。

## 経過措置の概要

| 附則 | 経過措置の基準となる事実 | 適用される法律の規定 |
|---|---|---|
| **2条** | | |
| 旧法 | 意思表示をしたのが令和2年4月1日前 | なし |
| 新法 | 意思表示をしたのが令和2年4月1日以後 | 3条の2 |
| **3条** | | |
| 旧法 | 他の制限行為能力者の法定代理人として行為したのが令和2年4月1日前 | 102条 |
| 新法 | 他の制限行為能力者の法定代理人として行為したのが令和2年4月1日以後 | 13条1項10号、102条 |
| **4条** | | |
| 旧法 | 無記名債権が生じたのが令和2年4月1日前（その原因となる法律行為が令和2年4月1日前にされた場合を含む） | 86条3項 |
| 新法 | 無記名債権が生じたのが令和2年4月1日以後（その原因となる法律行為が令和2年4月1日前にされた場合を除く） | 520条の20 |
| **5条** | | |
| 旧法 | 法律行為をしたのが令和2年4月1日前 | 90条 |
| 新法 | 法律行為をしたのが令和2年4月1日以後 | 90条 |
| **6条1項** | | |
| 旧法 | 意思表示をしたのが令和2年4月1日前 | 93条、95条、96条2項・3項、98条の2 |
| 新法 | 意思表示をしたのが令和2年4月1日以後 | 93条、95条、96条2項・3項、98条の2 |
| **6条2項** | | |
| 旧法 | 意思表示の通知を発したのが令和2年4月1日前 | 97条 |
| 新法 | 意思表示の通知を発したのが令和2年4月1日以後 | 97条 |
| **7条1項** | | |
| 旧法 | 代理権の発生原因が生じた（代理権授与の表示がされた場合を含む）のが令和2年4月1日前 | 99条〜101条、103条〜116条、118条（117条の準用を除く） |
| 新法 | 代理権の発生原因が生じた（代理権授与の表示がされた場合を含む）のが令和2年4月1日以後 | 99条〜101条、103条〜116条、118条（117条の準用を除く） |
| **7条2項** | | |
| 旧法 | 代理人として行為をしたのが令和2年4月1日前 | 117条（118条において準用する場合を含む） |

| | | |
|---|---|---|
| 新法 | 代理人として行為をしたのが令和2年4月1日以後 | 117条（118条において準用する場合を含む） |
| **8条1項** | | |
| 旧法 | 無効行為に基づく債務の履行として給付されたのが令和2年4月1日前 | なし |
| 新法 | 無効行為に基づく債務の履行として給付されたのが令和2年4月1日以後 | 121条の2（872条2項において準用する場合を含む） |
| **8条2項** | | |
| 旧法 | 取り消すことができる行為をされたのが令和2年4月1日前 | 122条、124条、125条（これらの規定を872条2項において準用する場合を含む） |
| 新法 | 取り消すことができる行為をされたのが令和2年4月1日以後 | 122条、124条、125条（これらの規定を872条2項において準用する場合を含む） |
| **9条** | | |
| 旧法 | 法律行為をしたのが令和2年4月1日前 | なし |
| 新法 | 法律行為をしたのが令和2年4月1日以後 | 130条2項 |
| **10条1項** | | |
| 旧法 | 債権が生じたのが令和2年4月1日前（その原因である法律行為が令和2年4月1日前にされたときを含む） | 145条 |
| 新法 | 債権が生じたのが令和2年4月1日以後（その原因である法律行為が令和2年4月1日前にされたときを除く） | 145条 |
| **10条2項** | | |
| 旧法 | 時効障害事由（中断・停止）が生じたのが令和2年4月1日前 | 147条、158条〜161条 |
| 新法 | 時効障害事由（更新・完成猶予）が生じたのが令和2年4月1日以後 | 147条〜150条、152条〜161条 |
| **10条3項** | | |
| 旧法 | 権利についての協議を行う旨の合意が書面（電磁的記録を含む）でされたのが令和2年4月1日前 | なし |
| 新法 | 権利についての協議を行う旨の合意が書面（電磁的記録を含む）でされたのが令和2年4月1日以後 | 151条 |
| **10条4項** | | |
| 旧法 | 債権が生じたのが令和2年4月1日前（その原因である法律行為が令和2年4月1日前にされたときを含む） | 166条〜174条 |

| | | |
|---|---|---|
| 新法 | 債権が生じたのが令和2年4月1日以後（その原因である法律行為が令和2年4月1日前にされたときを除く） | 166条〜169条 |

**11条**

| | | |
|---|---|---|
| 旧法 | 債権質の設定契約を締結したのが令和2年4月1日前 | 364条 |
| 新法 | 債権質の設定契約を締結したのが令和2年4月1日以後 | 364条 |

**12条**

| | | |
|---|---|---|
| 旧法 | 指図債権が生じたのが令和2年4月1日前（その原因である法律行為が令和2年4月1日前にされたものを含む） | 365条 |
| 新法 | 指図債権が生じたのが令和2年4月1日以後（その原因である法律行為が令和2年4月1日前にされたものを除く） | 520条の2、520条の7 |

**13条1項**

| | | |
|---|---|---|
| 旧法 | 根抵当権の設定契約が締結されたのが令和2年4月1日前 | 398条の2第3項、398条の3第2項 |
| 新法 | 根抵当権の設定契約が締結されたのが令和2年4月1日以後 | 398条の2第3項、398条の3第2項 |

**13条2項**

| | | |
|---|---|---|
| 旧法 | 債務の引受けに関する契約を締結したのが令和2年4月1日前 | なし |
| 新法 | 債務の引受けに関する契約を締結したのが令和2年4月1日以後 | 398条の7第3項 |

**13条3項**

| | | |
|---|---|---|
| 旧法 | 更改の契約を締結したのが令和2年4月1日前 | 398条の7第3項 |
| 新法 | 更改の契約を締結したのが令和2年4月1日以後 | 398条の7第4項 |

**14条**

| | | |
|---|---|---|
| 旧法 | 債権が生じたのが令和2年4月1日前（その原因である法律行為が令和2年4月1日前にされたときを含む） | 400条 |
| 新法 | 債権が生じたのが令和2年4月1日以後（その原因である法律行為が令和2年4月1日前にされたときを除く） | 400条 |

**15条1項**

| | | |
|---|---|---|
| 旧法 | （その債権につき）利息が生じたのが令和2年4月1日前 | 404条、旧商法514条 |

| | | |
|---|---|---|
| 新法 | （その債権につき初めて）利息が生じたのが令和2年4月1日以後 | 404条 |
| **16条** | | |
| 旧法 | 債権が生じたのが令和2年4月1日前（その原因である法律行為が令和2年4月1日前にされたときを含む） | 410条 |
| 新法 | 債権が生じたのが令和2年4月1日以後（その原因である法律行為が令和2年4月1日前にされたときを除く） | 410条 |
| **17条1項** | | |
| 旧法 | 債務が生じたのが令和2年4月1日前（その原因である法律行為が令和2年4月1日前にされたときを含む） | 412条2項、413条、415条、416条2項、418条 |
| 新法 | 債務が生じたのが令和2年4月1日以後（その原因である法律行為が令和2年4月1日前にされたときを除く） | 412条2項、412条の2〜413条の2、415条、416条2項、418条、422条の2 |
| **17条2項** | | |
| 旧法 | 将来において取得すべき利益または負担すべき費用についての損害賠償請求権が生じたのが令和2年4月1日前 | なし |
| 新法 | 将来において取得すべき利益または負担すべき費用についての損害賠償請求権が生じたのが令和2年4月1日以後 | 417条の2 |
| **17条3項** | | |
| 旧法 | 債務者が遅滞の責任を（最初に）負ったのが令和2年4月1日前 | 419条1項 |
| 新法 | 債務者が遅滞の責任を（最初に）負ったのが令和2年4月1日以後 | 419条1項 |
| **17条4項** | | |
| 旧法 | 損害賠償額の予定等について合意をしたのが令和2年4月1日前 | 420条1項、421条 |
| 新法 | 損害賠償額の予定等について合意をしたのが令和2年4月1日以後 | 420条1項、421条 |
| **18条1項** | | |
| 旧法 | 債務者に属する権利が生じたのが令和2年4月1日前 | 423条 |
| 新法 | 債務者に属する権利が生じたのが令和2年4月1日以後 | 423条〜423条の6 |

| 18条 2 項 | | |
|---|---|---|
| 旧法 | 譲渡人の第三者に対する登記請求権等が生じたのが令和2年4月1日前 | 423条 |
| 新法 | 譲渡人の第三者に対する登記請求権等が生じたのが令和2年4月1日以後 | 423条の7 |
| 19条 | | |
| 旧法 | 債権者を害することを知って法律行為をしたのが令和2年4月1日前 | 424条～426条 |
| 新法 | 債権者を害することを知って法律行為をしたのが令和2年4月1日以後 | 424条～426条 |
| 20条 1 項 | | |
| 旧法 | 不可分債権が生じたのが令和2年4月1日前（その原因である法律行為が令和2年4月1日前にされたものを含む） | 428条、429条 |
| 新法 | 不可分債権が生じたのが令和2年4月1日以後（その原因である法律行為が令和2年4月1日前にされたものを除く） | 428条、429条 |
| 20条 2 項 | | |
| 旧法 | 不可分債務・連帯債務が生じたのが令和2年4月1日前（その原因である法律行為が令和2年4月1日前にされたものを含む） | 430条、432条～445条 |
| 新法 | 不可分債務・連帯債務が生じたのが令和2年4月1日以後（その原因である法律行為が令和2年4月1日前にされたものを除く） | 430条、436条～445条 |
| 20条 3 項 | | |
| 旧法 | 連帯債権が生じたのが令和2年4月1日前（その原因である法律行為が令和2年4月1日前にされたものを含む） | なし |
| 新法 | 連帯債権が生じたのが令和2年4月1日以後（その原因である法律行為が令和2年4月1日前にされたものを除く） | 432条～435条 |
| 21条 1 項 | | |
| 旧法 | 保証契約を締結したのが令和2年4月1日前 | 446条～465条の5 |
| 新法 | 保証契約を締結したのが令和2年4月1日以後 | 446条～465条の10 |
| 22条 | | |
| 旧法 | 債権譲渡の原因である法律行為をしたのが令和2年4月1日前 | 466条～473条 |
| 新法 | 債権譲渡の原因である法律行為をしたのが令和2年4月1日以後 | 466条～469条 |

| 23条 | | |
|---|---|---|
| 旧法 | 債務の引受けに関する契約をしたのが令和2年4月1日前 | なし |
| 新法 | 債務の引受けに関する契約をしたのが令和2年4月1日以後 | 470条〜472条の4 |

| 24条 | | |
|---|---|---|
| 旧法 | 記名式所持人払債権が生じたのが令和2年4月1日前（その原因である法律行為が令和2年4月1日前にされたものを含む） | 471条 |
| 新法 | 記名式所持人払債権が生じたのが令和2年4月1日以後（その原因である法律行為が令和2年4月1日前にされたものを除く） | 520条の13〜520条の17 |

| 25条1項 | | |
|---|---|---|
| 旧法 | 債務が生じたのが令和2年4月1日前（その原因である法律行為が令和2年4月1日前にされたときを含む） | 474条〜486条 |
| 新法 | 債務が生じたのが令和2年4月1日以後（その原因である法律行為が令和2年4月1日前にされたときを除く） | 473条〜486条 |

| 25条2項 | | |
|---|---|---|
| 旧法 | 弁済をしたのが令和2年4月1日前 | 488条〜491条 |
| 新法 | 弁済をしたのが令和2年4月1日以後 | 488条〜491条 |

| 26条1項 | | |
|---|---|---|
| 旧法 | 相殺制限特約をしたのが令和2年4月1日前 | 505条2項 |
| 新法 | 相殺制限特約をしたのが令和2年4月1日以後 | 505条2項 |

| 26条2項 | | |
|---|---|---|
| 旧法 | 受働債権が生じたのが令和2年4月1日前 | 509条 |
| 新法 | 受働債権が生じたのが令和2年4月1日以後 | 509条 |

| 26条3項 | | |
|---|---|---|
| 旧法 | 自働債権の原因が生じたのが令和2年4月1日前 | 511条 |
| 新法 | 自働債権の原因が生じたのが令和2年4月1日以後 | 511条 |

| 26条4項 | | |
|---|---|---|
| 旧法 | 相殺の意思表示がされたのが令和2年4月1日前 | 512条 |
| 新法 | 相殺の意思表示がされたのが令和2年4月1日以後 | 512条、512条の2 |

| 27条 | | |
|---|---|---|
| 旧法 | 更改の契約が締結されたのが令和 2 年 4 月 1 日前 | 513条～518条 |
| 新法 | 更改の契約が締結されたのが令和 2 年 4 月 1 日以後 | 513条～515条、518条 |

| 28条 | | |
|---|---|---|
| 旧法 | 有価証券が生じたのが令和 2 年 4 月 1 日前（その原因となる法律行為が令和 2 年 4 月 1 日前にされた場合を含む） | 86条 3 項、471条 |
| 新法 | 有価証券が生じたのが令和 2 年 4 月 1 日以後（その原因となる法律行為が令和 2 年 4 月 1 日前にされた場合を除く） | 520条の 2 ～520条の20 |

| 29条 1 項 | | |
|---|---|---|
| 旧法 | 契約の申込みをしたのが令和 2 年 4 月 1 日前 | 521条～525条 |
| 新法 | 契約の申込みをしたのが令和 2 年 4 月 1 日以後 | 521条～525条 |

| 29条 2 項 | | |
|---|---|---|
| 旧法 | 契約の申込みの通知を発したのが令和 2 年 4 月 1 日前 | 526条 |
| 新法 | 契約の申込みの通知を発したのが令和 2 年 4 月 1 日以後 | 526条 |

| 29条 3 項 | | |
|---|---|---|
| 旧法 | 懸賞広告をしたのが令和 2 年 4 月 1 日前 | 529条、530条 |
| 新法 | 懸賞広告をしたのが令和 2 年 4 月 1 日以後 | 529条～530条 |

| 30条 1 項 | | |
|---|---|---|
| 旧法 | 契約を締結したのが令和 2 年 4 月 1 日前 | 533条～536条 |
| 新法 | 契約を締結したのが令和 2 年 4 月 1 日以後 | 533条、536条 |

| 30条 2 項 | | |
|---|---|---|
| 旧法 | 第三者のためにする契約を締結したのが令和 2 年 4 月 1 日前 | なし |
| 新法 | 第三者のためにする契約を締結したのが令和 2 年 4 月 1 日以後 | 537条 2 項、538条 2 項 |

| 31条 | | |
|---|---|---|
| 旧法 | 契約上の地位の譲渡を合意したのが令和 2 年 4 月 1 日前 | なし |
| 新法 | 契約上の地位の譲渡を合意したのが令和 2 年 4 月 1 日以後 | 539条の 2 |

| 32条 | | |
|---|---|---|
| 旧法 | 契約を締結したのが令和2年4月1日前 | 541条～543条、548条 |
| 新法 | 契約を締結したのが令和2年4月1日以後 | 541条～543条、545条3項、548条 |

| 33条1項 | | |
|---|---|---|
| 旧法 | 定型約款における新法主義について、反対の意思表示を令和2年4月1日前にしたとき | なし |
| 新法 | 定型約款が用いられるとき（反対の意思表示を令和2年4月1日前にしたときを除く） | 548条の2～548条の4 |

| 34条1項 | | |
|---|---|---|
| 旧法 | 契約を締結したのが令和2年4月1日前 | 549条～687条 |
| 新法 | 契約を締結したのが令和2年4月1日以後 | 549条～687条 |

| 34条2項 | | |
|---|---|---|
| 旧法 | 賃貸借契約の更新について合意したのが令和2年4月1日前 | 604条2項 |
| 新法 | 賃貸借契約の更新について合意したのが令和2年4月1日以後 | 604条2項 |

| 34条3項 | | |
|---|---|---|
| 旧法 | 第三者による不動産占有の妨害等がされたのが令和2年4月1日前 | なし |
| 新法 | 第三者による不動産占有の妨害等がされたのが令和2年4月1日以後 | 605条の4 |

| 35条1項 | | |
|---|---|---|
| 旧法 | 不法行為の時から20年を経過したのが令和2年4月1日前 | 724条後段 |
| 新法 | 不法行為の時から20年を経過したのが令和2年4月1日以後 | 724条後段 |

| 35条2項 | | |
|---|---|---|
| 旧法 | 消滅時効が完成したのが令和2年4月1日前 | 724条前段 |
| 新法 | 消滅時効が完成したのが令和2年4月1日以後 | 724条の2 |

| 36条1項 | | |
|---|---|---|
| 旧法 | 遺言されたのが令和元年7月1日前 | 1016条2項において準用する105条 |
| 新法 | 遺言されたのが令和元年7月1日以後 | 相続法改正後民法1016条2項 |

| 36条2項 | | |
|---|---|---|
| 旧法 | 遺言執行者となったのが令和2年4月1日前 | なし |
| 新法 | 遺言執行者となったのが令和2年4月1日以後 | 1018条2項において準用する648条3項・648条の2 |

# 事項索引

# 判例索引

中込 一洋（なかごみ かずひろ）

弁護士：東京弁護士会所属、46期、司綜合法律事務所
昭和40年生まれ
昭和63年 3 月　法政大学法学部卒業

主要著作
「告知義務違反解除と詐欺・錯誤」『遠藤光男元最高裁判所判事喜寿記念文集』（ぎょうせい・平成19年 9 月）
「重過失とは何か」『下森定先生傘寿記念論文集 債権法の近未来像』（酒井書店・平成22年12月）
『駐車場事故の法律実務』（共著、学陽書房・平成29年 4 月）
『Q&A ポイント整理 改正債権法』（共著、弘文堂・平成29年 7 月）
『実務解説 改正債権法』（共著、弘文堂・平成29年 7 月、［第 2 版］令和 2 年 3 月）
『Before/After 民法改正』（共編著、弘文堂・平成29年 9 月）
『ケースでわかる改正相続法』（共著、弘文堂・平成31年 3 月）
『実務解説 改正相続法』（弘文堂・令和元年 5 月）
『Before/After 相続法改正』（共編著、弘文堂・令和元年 6 月）
『相続・贈与と生命保険をめぐるトラブル予防・対応の手引』（共著、新日本法規・令和元年10月）
『最新 債権管理・回収の手引』（共編著、新日本法規・令和 2 年 1 月）
『交通事故事件 社会保険の実務』（学陽書房・令和 2 年 4 月）

### 実務解説 改正債権法附則

2020（令和 2 ）年 3 月15日　初版 1 刷発行
2020（令和 2 ）年 7 月15日　同　 2 刷発行

著　者　中込　一洋
発行者　鯉渕　友南
発行所　株式会社　弘文堂　　101-0062 東京都千代田区神田駿河台 1 の 7
　　　　　　　　　　　　　　　TEL 03(3294)4801　振替 00120-6-53909
　　　　　　　　　　　　　　　https://www.koubundou.co.jp
装　丁　笠井亞子
印　刷　港北出版印刷
製　本　井上製本所

ISBN978-4-335-35813-5